国外当代教育研究译丛

精准教学系列

主　编　盛群力　肖龙海

副主编　冯建超

操练技能、策略与过程：

熟能生巧的方法

CAOLIAN JINENG,

CELüE YU GUOCHENG:

SHUNENG SHENGQIAO DE FANGFA

[美] 凯莉·哈蒙　罗伯特·J. 马扎诺　著

凯茜·马克斯　里娅·A. 施密特　协编

舒越　译　　王文智　校

中原出版传媒集团

中原传媒股份公司

大象出版社

·郑州·

图书在版编目(CIP)数据

操练技能、策略与过程：熟能生巧的方法 / (美)凯莉 · 哈蒙,(美)罗伯特 · J. 马扎诺著；舒越译.— 郑州：大象出版社，2018. 11
(国外当代教育研究译丛.精准教学系列)
ISBN 978-7-5347-9968-6

Ⅰ. ①操… Ⅱ. ①凯… ②罗… ③舒… Ⅲ. ①课堂教学—教学设计 Ⅳ. ①G424. 21

中国版本图书馆 CIP 数据核字(2018)第 249978 号

著作权专有许可合同备案号:豫著许可备字-2018-A-0087

出 版 人 王刘纯
责任编辑 张 欣
责任校对 毛 路
装帧设计 张 帆
出版发行 大象出版社(郑州市开元路 16 号 邮政编码 450044)
发行科 0371-63863551 总编室 0371-65597936
网 址 www.daxiang.cn
印 刷 河南新华印刷集团有限公司
经 销 各地新华书店经销
开 本 787mm×1092mm 1/16
印 张 8.25
字 数 108 千字
版 次 2018 年 11 月第 1 版 2018 年 11 月第 1 次印刷
定 价 20.00 元
若发现印、装质量问题,影响阅读,请与承印厂联系调换。
印厂地址 郑州市经五路 12 号
邮政编码 450002 电话 0371-65957865

浙江省卓越教师培养协同创新中心

2017—2018 年度重点项目“教师教学设计应用模式研究”成果

浙江传媒学院教师教学发展中心合作成果

精准教学系列

“精准教学系列”（The Essentials for Achieving Rigor Series）这套教学指导书有助于教育工作者在实施、监控和适应教学方面做到得心应手。本系列采用了日常示例作为课堂应用的范例，使之具有即时的实践效果。

《确定关键内容：把握重点的方法》

《言之有理：提出与辩护主张的方法》

《记录与表征知识：准确组织与总结内容的方法》

《区分异同：深度理解的方法》

《加工新知：参与学习的方法》

《梳理知识：检查深度理解的方法》

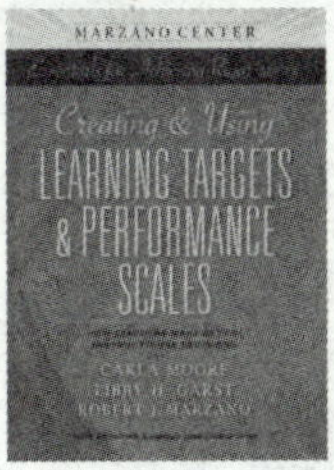

《编制与使用学习目标和表现量规：教师如何作出最佳教学决策》

《参与综合认知任务：跨学科提出与检验假设的方法》

《操练技能、策略与过程：熟能生巧的方法》

《组织学习活动：小组互动方法》

《标准驱动的课堂：精准教学的实践模式》

致　谢

国际学习科学组织（Learning Sciences International）感谢以下审稿人的帮助：

加里·阿布德

（Gary Abud, Jr.）

密歇根州，格罗斯波因特伍兹，格罗斯波因特北部高中，2014 年密歇根州年度优秀教师

梅根·奥利维娅·霍尔

（Megan Olivia Hall）

明尼苏达州，圣保罗，开放世界学习社区，2014 年明尼苏达州年度优秀教师

兰迪·安德森

（Randi Anderson）

得克萨斯州，沃斯堡，埃尔金斯小学，四年级教师

塔拉·雅各布斯

（Tara Jacobs）

得克萨斯州，弗洛里斯维尔，弗洛里斯维尔北部小学，教学指导员

珍妮弗·乔治

（Jennifer George）

得克萨斯州，弗洛里斯维尔，弗洛里斯维尔南部小学，教学指导员

罗宾·奥利弗里

（Robin Oliveri）

佛罗里达州，塔拉哈西，戈德比高中，2014 年佛罗里达州年度优秀教师候选人

安杰拉·罗马诺

（Angela Romano）

国际学习科学组织成员

金伯利·希勒

（Kimberly Shearer）

肯塔基州，佛罗伦萨，布恩县高中，2012年肯塔基州年度优秀教师

蒂娜·森

（Deana Senn）

国际学习科学组织成员

莉萨·斯塔茨

（Lisa Staats）

北卡罗来纳州，乔科威尼蒂，乔科威尼蒂中学，2012年北卡罗来纳州年度优秀教师候选人

献　词

致生命中理解我的人：

兰迪·安德森（Randi Anderson）——感谢你在本书的创作过程中耐心倾听，并且为我提供了那么多的想法和资源。你太了不起了！

我的丈夫，杰克（Jack）——你是那么耐心、善良，带给我那么多勇气。谢谢你一路以来让爱伴随我前行。

——凯莉·哈蒙（Kelly Harmon）

作者简介

凯莉·哈蒙（KELLY HARMON），教育学硕士。她对接触有不同需求的学生充满了热情，在过去的20多年里，作为一位班主任、教学指导员和教师发展人员，她经常和学困生以及他们的老师一起工作。最近14年里，她面向至少10，000名教育工作者举行研讨会、学术交流会，建立协会等。凯莉帮助教育工作者关注学生自身的学习模式、好奇心和长处，也协助学校设计有效的课程和教学，让标准和最佳实践相匹配。她已婚并有6个孩子（3个亲生的，3个继子和继女）、2个孙子和3只卷毛小狗。她热爱旅行，也希望了解有意思的地方和人。

罗伯特·J. 马扎诺（ROBERT J. MARZANO），博士，马扎诺研究实验室首席执行官，学习科学马扎诺中心教师和领导评估执行主任。作为教育研究的先驱者，他是一名演说家、培训师和作家，发表论文150多篇，涉及教学、评估、写作及实施标准、认知、有效领导和学校干预等。撰写著作30多部，包括《教学的艺术与科学》（ASCD，2007）和《差异化教师评估》（ASCD，2013）。

凯思琳·马克斯（KATHLEEN MARX），教育学硕士，跨行业个人发展指导专家。在国际学习科学组织工作期间，协助过许多学校成功进行深化改革。

里娅·A. 斯密特（RIA A. SCHMIDT），博士，做过教师和行政管理人员，设计和实施了基于多种主题的专业发展项目，指导地区完成从传统教育到基于标准教育的转型，并且协调教学中评价和数据的使用。

目　录

引 言

《操练技能、策略与过程：熟能生巧的方法》旨在为改进教学实践中特定部分提供可参考的资源——操练技能、策略与过程。

本书可以为教师提供基于实证研究的教学策略（如马扎诺教学框架中所涉及的），来改善教学实践。本书还可以帮助教师在课堂上实施精准的教学策略，使学生达到各类标准的要求，如《共同核心国家标准》（*Common Core State Standards*）、《新一代科学教育标准》（*Next Generation Science Standards*）、《社会研究国家标准 C3 框架》（*C3 Framework for Social Studies State Standards*）、基于或受《大学与职业准备锚定标准》（*College and Career Readiness Anchor Standards*）影响的各州立标准。

本书可以帮助所有年级和学科的教师提高运用“操练技能、策略与过程”这一教学策略的能力。聚集操练技能、策略与过程这一技能，你将能专注于该教学策略的细微之处并细致地作出改进，并进一步在具体教学实践中有意识地规划、实施、监控、调适、反思这一策略。正像马扎诺和托特（Marzano & Toth，2013）所说，一个想成为专家的人会有其独特的策略：

◇把教师专业发展所需的特定技能加以具体分解。

◇专注于在实践或日常活动中改进特定的关键技能模块（而非简单的任务）。

◇获得即时、具体和可操作的反馈，特别是从更有经验的教练那里得到评价。

◇在更具挑战性的水平上，不断练习每个关键技能直到掌握。对已经掌握的技能则尽量减少时间投入。

“精准教学系列”就是基于上述方法，专注于分解教师专业成长所需特定技能，提供日常的实用建议，以帮助教师更得心应手地运用这些技能。

基于马扎诺教学模式

“精准教学系列”基于“马扎诺教学框架”（Marzano Instructional Framework），即以研究为基础，为教育工作者提供将教学实践与学生学业成就联系起来所需的工具。本系列使用了马扎诺教学模式（Marzano Model of Instruction）的关键术语，见关键术语表。

关键术语表

术语	定义
《共同核心国家标准》（CCSS）	《共同核心国家标准》是由共同核心国家标准计划（CCSSI）开发的标准文件的正式名称，其目的是为美国学生的大学深造和职业生涯做好准备
《大学与职业准备锚定标准》（CCR）	《大学与职业准备锚定标准》是一个较为宽泛的说明，包含针对各年级和特定内容领域的具体标准
预期结果（Desired result）	由于实施一项具体策略而对学生提出的预期结果
监控（Monitoring）	在实施具体策略时，检查学生是否达成预期结果的行为
教学策略（Instructional strategy）	已经证实的、在课堂教学中较可能提高学业成就的一类方法
教学方法（Instructional technique）	用于使学生掌握和深入理解知识和技能的方法
内容（Content）	学生达到标准要求所需的知识和技能
支架（Scaffolding）	有针对性地提供支持，从而使认知复杂性和学生自主性达到精准目标
拓展（Extending）	将已经表现出预期结果的学生提升到更高理解水平的活动

数十年来，教育趋势犹如钟摆一般一直摇摆不定。教育工作者在规范的清单式教案和循序渐进的课程计划之间徘徊，目的都是帮助教师实现教学自主，然而他们在教学科学以及教师的责任方面考虑得非常少。在这些精确解释有效教学的方法中，往往缺少两种做法：（1）预期结果的具体陈述；（2）基于研究的坚实连接。马扎诺教学框架提供了一个全面的系统，详细说明了什么才是教师使用基于研究的教学策略所需要的。从这个坚实的教学基础出发，教师可以将教学的科学与自己独特而又有效的教学风格相结合，这就是教学的艺术。

《操练技能、策略与过程：熟能生巧的方法》将帮助你成长为高水平的创新型教师，使你能够实施这一策略，并开展支架教学和拓展教学以满足学生的一系列需求。

精准教学系列

“精准教学系列”详细介绍了基本的课堂策略，以支持教学中复杂的转变，这对于所有学生所需的精准教学环境来说是必不可少的。本系列介绍的教学策略对有效地教授《共同核心国家标准》《新一代科学教育标准》或学校所在区、州指定的标准至关重要。这些严格标准需要更深入的理解，运用更有效的策略加以更广泛的实施，从而使学生能够展现出标准所要求的知识和技能。本系列包括适用于所有年级和学科领域的教学方法，还包含针对具体年级的实例，可作为教师在课堂中应用的样例和落脚点。

无论教授哪个年级和学科，熟练运用这些策略对学生掌握《共同核心国家标准》或其他标准来说都至关重要。“精准教学系列”中涵盖的其他教学策略，例如如何做到言之有理和引导学生参与综合认知任务，体现了如何满足严格标准所需的认知复杂性。作为一个系列，这些策略乍看起来似乎有些令人生畏。因此，本系列将在每本书中仅关注一个具体策略。

操练技能、策略与过程

操练是在循环往复中将技能、策略或过程逐渐塑造达到一定熟练程度的过程。如果你已经熟练掌握了高尔夫、游泳或网球等休闲或竞技体育运动,那么你可能经历过几个方面的操练。首先，你必须了解一系列的事实和概念——该项运动的历史、比赛的规则、推荐使用的设备，以及应该阅读的书目和期刊等。所有这些背景知识都能够形成一种认知基础，从而开启掌握该项运动的心理过程。你可能有过与教练合作的经历，他们示范某些击球动作，然后仔细观察你的动作，并在你身体姿势出现问题时及时纠正，他们会调整你的身体部位以确保姿势或动作的准确性。当你能够开始独立练习时，你会感到无比激动，并且期待可以将这些零散的方法整合起来,达到流畅应用的程度。让学生实现熟能生巧的过程也是相似的。对关键内容的练习是一个持续的、循序渐进的过程，从学生获取和处理支撑某类程序性知识的事实、概念或原理开始，观察娴熟的榜样，最后通过练习熟能生巧。

高效的教师总能认识到对某些关键技能、策略与过程需要进行充分的练习。然而，他们也通常会纠结于应该在什么时候以及如何组织教学以便提供所需的练习机会。本书中提到的方法将帮助你更为有效地组织课堂操练环节。

有效实施操练环节让学生达到熟练

很多教师都会使用一种很常见的授课流程，通常被称为“我来做，我们做，你们做”，这三个步骤抓住了有效操练的本质，但没有体现出细微差别。想要有效实施操练，使学生达到熟练，需要明白程序性知识和陈述性知识之间的关系，也需要理解操练的各个方面的顺序或流程。

程序性知识和陈述性知识的关系

尽管本书专门用于帮助你有效地实施程序性知识的教学实践，但请记住程序性知识和陈述性知识之间存在着密切关系。陈述性知识包括学生需要知晓的关于内容的事实、概念和原理。程序性知识则包括需要学生能够操作或说明的技能、策略与过程。程序性知识总是根植于陈述性知识的某些方面。虽然这本书的标题和方法都专门指向构成程序性知识的技能、策略与过程，但也并不会忽视程序性知识的习得始终始于内在的陈述性知识的教学。

操练的关键方面

为有效地给学生提供操练机会，使之将程序性知识操练至熟稔，学生需要对有效操练所必需的各步骤的序列或流程有清楚的认识。**“序列”**（sequence）这个术语意味着操练必须遵循一套具体的步骤，类似于要层层递进才能攀上楼梯顶部。**“流程”**（flow）这个术语，则意味着操练的过程可以自由地从一处移到另外一处，不受约束、稳步地取得进展，仿佛一条河流——时而奔腾汹涌，时而蜿蜒曲折。事实上，这两种特征在操练程序性知识的过程中都有所展现。然而，为了有效地帮助学生操练程序性知识，以达到熟练掌握的程度，你必须了解整个过程的各个方面，并按照学生的需求忠实地对各方面进行实施操作。

有效操练必要的步骤包括：

1. 教师对程序性知识进行示范。

2. 教师指导学生模仿自己的示范。

3. 教师对学生进行监控，并及时纠正错误，提供额外的机会让学生在更常态的结构化操练环节中重复执行技能。

4. 当学生掌握得更为熟练时，教师为学生提供多样的机会，使他们将零散的技能或策略步骤整合到更复杂的过程中，如撰写论文或编辑自己的作品。

5. 学生独立地进行操练，更加熟练流畅地掌握那些需实现自动化的技能，如有方法的阅读，或加强受意识控制的加工（受控化加工），这要求学生在更高意识的层面上整合各种技能。

6. 学生对自己的操练环节进行反思。

7. 学生根据需要反复操练。

示范

示范（Modeling）是操练重要内容时最关键的方面，也最容易被忽视。如果你过分渴望一头扎进对操练的各部分进行介绍和讲解，并跳过示范和操作，操练的成效将远不如预期。教授学生如何做需要由你向他们展示一个行家是怎么做的。在实施操练过程中，你的角色就是对如何执行技能或过程进行示范。在涉及更复杂的程序性知识的情况下，示范应当采取“出声思考”（thinking aloud）的方式。如果你因为时间不足而跳过示范这一步骤，这将限制学生学习的机会。

指导

在操练的过程中，你便成了指导者，**“指导性操练”**（guided practice）这个术语也就是这么来的。一旦完成了示范，你不能仅仅给一个组布置操练任务后，就立马转移到下一个组。你需要持续讲解，并在操练的过程中时刻提醒学生模仿你所示范的东西。指导的过程必然是很耗费时间的，但是这样的投资却是值得的，当学生完全掌握了关键技能、策略和过程的时候，你会发现之前的投资是有所回报的。

监控和纠错

在示范和指导的同时，你需要密切监控（close monitoring）和纠错。有时候**“熟能生巧”**这个成语并不是百分百准确的。只有**完美的操练才能造就真正的完美**。在不同的操练过程中出现的每一次重复都应当尽可能地准确。存在缺陷的操练需要系统的纠错或具体详细的反馈和示范，若非如此，将导致学生逐渐形成和发展错误和低效的技能、策略与过程。一旦这种有缺陷的操练根深蒂固，你和学生必须投入双倍精力重新学习技能或过程，这往往会阻碍他们迈向熟练的脚步。

将零散的技能整合成更复杂的整体

当学生对技能的掌握更为熟练的时候，教师应当为他们提供多样的机会，让他们练习将零散的技能或各策略步骤整合起来，组合成更复杂的整体。根据操练的流程，在这种时候，你应该期待学生能够了解大局，让他们明白掌握一个零散的技能并不是学习的最终目标。将这些技能、策略结合起来，转化为更加复杂的过程才是目标。教师应逐渐放手让他们开始把一个复杂的过程演练成型并细细打磨，以便掌握。

自动化加工或受控化加工

通过操练达到流畅是掌握程序性知识的最后一步。程序性知识发展到自动化意味着学生能够在不做任何有意识思考的情况下完成流程。这样的自动化程度使学生的工作记忆能够处理更复杂的过程。相对地，受控化加工更加重视有意识地去关注过程，并且更多地考虑、决策下一步做什么以及怎样做。有些过程在最初需要受控化加工，但最终可以在大量的练习之后逐渐提高自动化程度，但是想要达到这种流畅程度可能没法在课堂中就完成。

反思

在理想状况下，你可能会要求学生在操练过程中不断对自己的学习进行反思。当你让学生参与到反思中来，他们也将对操练更加投入，最终达到熟练。

重复

操练的核心是重复。学生越能投入到卓有成效的独立操练中去，他们就越能开始形成对各种程序性知识的执行力。有些学生可能会爱上某一种类型的程序性知识，完全掌握后仍旧不时操练。然而，面对**全体**学生，你在操练的序列和流程中所担任的角色是：提供足够多的机会实现有效操练，使**所有**学生都能够掌握他们在获取高年级或学校以外的学习成功时所需的技能、策略与过程。

计划和开展有效操练程序性知识与以下教师行为密切相关：

◇确定关键内容，也就是某个程序性知识的基本内容。

◇使该关键内容的认知加工变得更加容易。

◇直接教授并示范新的技能、策略与过程。

◇一开始教授新技能、策略或过程，就进行密切的监控和结构化的操练。

◇纠正学生的错误，并立即展示正确的例子。

◇操练活动难度与学生当前的技能水平相符。

◇逐渐减少给学生的支持。

◇随着学生对新关键内容的掌握更流畅，逐渐增加操练任务的复杂性。

常见错误

教师在追求熟练实施这一教学策略的过程中，有以下几种常见的错误：

◇在安排程序性技能的操练前，未教授内在的概念性知识。

◇在安排操练前，未评估学生的技能水平。

◇未放手让学生进行独立操练。

在安排操练前，未对概念性知识进行教学

如上文所述，所有类型的程序性知识，无论是零散的技能、策略还是更为复杂的过程，都建立于陈述性知识的基础上。在努力覆盖教材内容和快速帮助学生习得程序性知识的同时，教师通常会感到他们不得不压缩对陈述性知识的教学，然而正是这些陈述性知识能够使学生充分了解特定技能、策略或过程的精妙之处。如果缺乏陈述性知识的传授，操练就只是促进了机械学习，而没有提高学生运用程序性知识的能力。

在安排操练前，未评估学生的技能和知识水平

评估学生对概念的理解水平和他们当前的技能水平对设计有效的操练具有重要意义。当学生分配到一个操练任务，却不具备该任务所需的背景知识或没有进行过事前操练，他们将在挫折中挣扎。而那些就技能、策略或过程形成了扎实的概念性理解，并具备实际执行能力的学生，就不会失去宝贵的学习机会。

教师未放手让学生进行独立操练

所有操作活动的最终目标是让学生掌握程序性知识。教师只有组织越来越具有挑战性的操练活动，并让学生对自己的学习负责，才能实现这一目标。

监控预期结果

操练技能、策略与过程的有效实施需要的不仅仅是为学生提供操练机会，也包括监控这一步骤。监控是在实施过程中，检测是否有证据表明所用策略达到了预期结果。换句话说，有效地实施某个策略包括实时监控该策略能否达到预期结果。然而最为重要的一个问题是：学生是否在操练中建立了自信和提高了能力？另外一个亟待解决的更具体的问题是：所采取策略的预期结果实现了吗？假如不是一开始就在脑中想清楚教学策略，紧扣标准施教，并由教师根据预期结果实施实时监控，再精心策划的课程也可能会沦为无用的练习。

教师可以通过多种方式来监控大多数学生在操练技能、策略与过程中是否达到了预期结果。以下方法可帮助你判断学生在运用技能、策略与过程的时候，其准确性和自主性是否在提高。

◇学生能够更有信心地执行技能、策略与过程。

◇学生以更出色的能力执行技能、策略与过程。

◇数据表明，学生能够准确和自如地应对越来越严格的任务。

◇学生能够将复杂的过程分解为适当的子任务。

◇学生在运用指定技能、策略与过程成功完成任务的过程中，需要很少甚至不需要支持和帮助。

开展支架教学和拓展教学满足学生的需求

当你在监控有目的的操练课程预期结果的达成情况时，请考虑如何满足一些需要额外支持的学生的需求，以及如何满足那些已经达到了年级或课程水平要求的学生的需求。提前计划、安排可以避免时间的浪费，也能更好地投入学习。在随后各章提到的方法中，都展示了如何有意调整以满足所有学生需求的示例，你会发现案例展示了如何提供额外的教师支持或同伴支持，如何将操练分解成易消化的模块，以及如何使用材料来调整学生开始学习技能、策略或过程的切入点。

教师反思

当你在为学生设计和实施操练机会时，反思哪些工作奏效，哪些没有，可以帮助你在实施这个策略时取得更大的成就。可使用下面一组问题来引导你进行反思。

1. 你如何定期为学生提供有意义的操练机会？

2. 如何向学生讲解操练对于关键内容习得的重要性？

3. 如何监控学生对技能、策略与过程的掌握程度？

4. 为满足学生独特的需求或解决特殊的情况，有哪些途径可以创造提供操练机会的新方法？

5. 在适应和创造新方法的同时，你对学生的了解又增加了多少？

帮助学生操练技能、策略与过程的教学方法

有许多方法可以帮助学生通过操练掌握关键技能、策略与过程。这些方法或选项被称为**教学方法**。它们分为两大类：指导性操练和独立操练。

第一部分　指导性操练

教学方法 1　密切监控

教学方法 2　提供样例

教学方法 3　常态的结构化操练

第二部分　独立操练

教学方法 4　流畅度操练

教学方法 5　变式操练

教学方法 6　考前操练

对以上所有这些方法的介绍都以相似的方式组织起来，包括以下组成部分：

◇对教学方法的简要介绍。

◇该方法的有效操作方式。

◇运用方法时应避免的常见错误。

◇在小学或中学教学中针对选定的学习目标和标准开展操练的正例和反例。

◇为获取预期结果开展监控的方法。

◇为满足学生需求，开展支架教学和拓展教学的方式。

第一部分
指导性操练

如上文所述，关键内容的操练是一个持续的、逐渐展开的过程。将技能、策略与过程的操练视为一个连续过程，在这个过程中，你对学生的进步有着很大的影响力，需要对他们保持密切的关注。你的积极参与和密切关注定义了指导性操练。在指导性操练活动中，你所扮演的角色也定义了这一教学方法中的各种类别。

教学方法 1　密切监控

密切监控的方法特点可以描述为：在高度结构化的操练周期内，观察学生操练的过程。在获取关键内容的初始阶段，密切的监控至关重要。学生需要在教师或教练的指导下进行操练，在此过程中教师或教练能够密切地关注学生对教学指导和教师示范的回应。在密切监控期间，学生技能上正确的模仿将获得反馈和强化，而任何错误或误解都能及时得到纠正。由于操练的影响很持久，所以要确保学生从一开始就准确地进行操练。在教师或教练对任何类型的程序性知识进行初步教学之后，学生都将需要根据自己进展的难易和速度，多次执行这些初始的技能、策略或过程。在任何年级或任何内容领域都可以进行密切的监控，当学生开始学习某个过程中的第一项具体技能，或者一个策略中的各个步骤的时候，这是至关重要的。这样的阶段需要更密切的监督和提供掌握这些技能所需的支持。

如何有效地开展密切监控

密切监控的有效实施取决于你在计划并实施该方法时对多个变量的理解和密切关注。

◇从有利于密切监控的角度出发，对学生进行分组。

◇明确讲解目标技能或过程所涉及的关键概念和词汇。

◇提供加工关键概念和词汇的机会。

◇通过示范向学生展示如何执行技能，或通过“出声思考”的方式向学生展示如何运用某种认知过程。

◇一旦完成示范，立刻进行成功的操练。

表1.1包含一个模板，它向我们展示了如何在操练中有效地进行密切监控。该模板分为三个部分，第1部分描述了教授某技能的基础性概念知识的步骤。第2部分描述了进入操练部分之前的过渡步骤。这些步骤包括在完成准备工作，将操练部分列入教学计划之前，你所进行的教学决策。第3部分对实际

的操练部分进行了描述。表中的第 1 列内容描述了每个步骤，第 2 列内容是为教师提供的简要注释。

表 1.1 有效实施密切监控的样课模板

操作步骤	给教师的注释
第 1 部分：教授技能、策略或过程所需的概念性知识	
1. 选定学习目标，并在操练的过程中实施密切监控	操练必须与选定的学习目标紧密相连，仓促地从练习册或者网页上随便选择一个任务进行操练，除能够让学生不闲着以外，并不能达到预期结果
2. 确定教学的关键内容，学生在开始操练之前首先要掌握这些内容	确定学生开展有意义的操练之前需要理解的概念和词汇
3. 确定学生对需要理解的关键内容的加工方法，以帮助其在操练技能之前打好坚实的基础	一旦你向学生介绍了概念性知识，就让他们以不同方式对该部分知识进行加工处理
第 2 部分：操练环节开始之前需要做的	
1. 确定你将如何检测学生在技能、策略或过程上的执行情况	密切监控是一种即时检测，让你可以及时纠错、进行引导性提问或者为学生指明一个更有利的方向。分小组合作是最有利于密切监控的方式
2. 确定你将如何对技能、策略或过程进行分解，以便更具操作性	从一个技能、策略或过程的最小模块开始操练，让学生能够通过首次操练就感受到成功的可能性更大
3. 在与技能、策略或过程及年级和内容相适应的前提下，为学生准备一个要点图，让学生在复习的时候对技能、策略或过程的各个步骤有一个直观线索图	要点图应当包括执行某技能、策略或者过程的定义或描述以及各个步骤。另外，要点图也需考虑为学生的讨论提供参考讲义。这样的讲义对课后的独立操练环节帮助颇大
4. 制定一份引导性问题备选单，这些问题对你的年级水平和内容来说应当是适当的	例如，当学生在操练一个数学技能时，可以问以下问题：（1）你怎么开始？（2）你接下来需要做什么？（3）你怎么检查你的成果？

（续表）

操作步骤	给教师的注释
第 3 部分：操练技能、策略或过程	
1. 确定在操练环节里，你希望学生操练的具体任务	虽然这看起来很容易，但是这一步骤也是最需要谨慎思考的。这个任务是否能够帮助获取学习的预定目标？学生是否已经具备他们所操练内容的必要概念性知识，以及为何要操练？任务是否过于复杂？任务与学习内容是否相关？
2. 针对任务为学生进行示范	在要求学生自己操作之前，向他们展示如何实施技能、策略或过程。虽然你在密切地进行监控，但学生的首次尝试经常会奠定以后成功或者挫败的基调
3. 通过让学生阐述他们是怎么想的或者为什么这样做，达到塑造学生对概念性知识掌握的目的，并且这个过程应该贯穿整个操练环节	相较于告诉学生做什么，采用提问、重新示范或演示或“出声思考”等方式更合理。这个方式要求学生全程进行独立思考和学习
4. 在教师的密切监控下进行多次操练后，让学生针对操练环节进行反思	在符合年级水平的前提下，帮助学生分析哪些做法对他们是有效的，哪些部分需要做些改变，以便熟练地掌握技能、策略或过程

常见错误

新方法的实施往往会导致意想不到的错误。但是，如果提前了解可能会出现的问题，就可以增加这个方法实施成功的可能性。

在进行密切监控的时候，要注意以下常见错误：

◇在进入操练环节之前，操练的平台没有搭建好，即教师没能确定关键内容并给学生提供加工关键内容的机会。

◇教师布置给学生的任务远远超出了学生当前的技能水平。

◇在操练的初始阶段，让学生处理过多新材料模块。

◇教师直接告诉学生应该做什么或想什么，而不是鼓励学生从他们的展示或“出声思考”演示当中去学习。

◇教师未给予学生足够的思考（等待）时间。

◇教师提出一个问题后，立即自己回答了该问题。

◇教师给予过长的等待时间。

◇教师期望学生操练孤立的技能，而未与整体过程中的内容相关联。

◇当学生通过操练提升能力和信心时，教师未能引导学生在此过程中进行自我监控。

密切监控中的正例和反例

以下这些正例和反例可能和你教授的年级水平或者科目都不一样，但是你可以从一个同事的全新视角，考虑你如何将这些案例应用于你的课堂上。

小学教学中实施密切监控的正例

这个小学教学案例中的学习目标是：将数字从 11 到 19 分解成 10 个 1 和其他一些单独的 1，例如通过使用教具，并通过绘图或写等式来记录每个组成和分解过程（CCSS.Math.Content K.NBT.A.1）。该案例展示了在学前班数学课上，如何在指导性操练中进行密切监控。该案例分为两部分：（1）提供了一个样本模板，让你全面地了解在操练环节之前应该进行的课堂重要环节；（2）提供了一个课堂情景，描绘了课堂中对操练进行密切监控的具体情况。

实施密切监控的样课模板：学前班数学课

表 1.2 是一个样课模板，展示了在学前班课堂中对数学操练进行密切监控的步骤。第 1 部分的三个步骤是关于在实际操练分解数字之前，教授和处理所需的概念性知识的环节。第 2 部分则描述了实际的操练环节。

表 1.2　实施密切监控的样课模板：学前班数学课

操作步骤	给教师的注释
第 1 部分：教授技能、策略或过程所需的概念性知识	
1. 选定学习目标，并在操练的过程中实施密切监控	这一案例中的学习目标是：将数字从 11 到 19 分解成 10 个 1 和其他一些单独的 1，例如通过使用教具，并通过绘图或写等式来记录每个组成和分解过程（CCSS.Math.Content K.NBT.A.1）
2. 确定教学的关键内容，学生在开始操练之前首先要掌握这些内容	学生要能从 11 数到 19 并且理解位的概念（个位和十位）。学生还要明白**组成**和**分解**的概念，知道如何通过绘图、写等式或者使用教具来表示和记录这些概念
3. 确定学生对需要理解的关键内容的加工方法，以帮助其在操练技能之前打好坚实的基础	学生将通过数教具或数一页纸上图形的个数的方式加工关键内容。在课上的第 2 部分，学生会通过写下同准备好的图画相匹配的等式的方式来处理信息。学生会明白**数字**的概念，并懂得一根小棍儿和一个部件分别代表什么
第 2 部分：操练技能、策略或过程	
1. 确定在操练环节里，你希望学生操练的具体任务	每个学生在桌垫上对 11 到 19 的数字进行分解，放一根十进制的小棍儿代表在十位上的数字，并用正确个数的小部件代表个位数上的数字
2. 针对任务进行示范	案例中的教师针对过程为学生进行示范，采用“出声思考”的方式展示她是如何决定哪些放在桌垫上的教具代表了数字“19”。教师运用“出声思考”的方式向学生展示她是如何检查她的工作并将教具放回盒子里的。接着她再从 11 到 19 间的数字中选出另外一个，对该数字的分解过程再做示范
3. 将教具分发给学生，要求他们按照教师所示范的那样对数字进行分解	学生开始操练，教师在旁观察，确保小组中的所有学生都能正确地分解数字
4. 恰当地指导、鼓励和称赞学生	教师要求学生将教具放入盒中，准备好分解下一个数字
5. 要使学生对任务进行三次操练	教师鼓励学生提出问题

（续表）

操作步骤	给教师的注释
6. 当学生犯错的时候，及时纠错，并且要求学生从头再来，在他们的垫子上操练正确的分解布局	学生需要对每个数字进行三次成功的操练后，教师才能给出另一个数字让他们分解
7. 基于学生对技能的理解程度，向他们提问，从而了解学生操练的情况	学生会向教师汇报他们在成功中获取的兴奋，并且很期待在第二天运用小棍儿和小部件分解 10 到 29 的数字

实施密切监控的课堂情景：学前班数学课

这个案例中的学前班教师和孩子一起学习了几个星期，已帮助他们理解练习教具使用技能所需的背景性和概念性知识。他们已经学会了从 11 数到 19，也掌握了 11 到 19 的书写，并且还玩了各种各样的游戏。他们之前还运用小棍儿来帮助自己直观地认识数字。该情景开始于教师对希望他们今天操练的任务进行示范（表 1.2，第 2 部分，操作步骤 2）。

孩子们，我们已经学过用十进制的小棍儿和小部件可以把数字分开（分解），我们这段时间一直都在学习 11 到 19 的数字。我有一些卡片，上面写着我们学过的这些数字。现在我要用我手中的这套卡片帮助我选择一个数字来把它分开。（教师从手中的卡片中抽出“19”并将其置于桌垫纸上。）仔细看着我是怎么把“19”这个数字分开的。当我准备好要分开这个数字的时候，我先说这个数字“19”，然后我看着个位上的数字。我看到了数字“9”，这告诉我这个数字由 9 个 1 组成。所以我先要数出来 9 个小部件。看着我哦，我会把它们放在我的桌垫上。

（她在将这几个部件置于她的数学桌垫上的同时，又一次地出声数出来这 9 个部件。）

现在我看着十位数上的这个数字。这个数字是“1”，并且它的意思是 10 个 1，所以我将选择一根代表 10 个 1 的小棍儿。好了，现在我要检查一下我的成果。我看着个位上的数字，是一个“9”，然后我数了一下我的部件以确保我有“9”。（这位教师很大声地数她的部件。）现在我检查一下在十位上的数字，是一个“1”，并且这表示我应该有一根小棍儿，嗯，我有一根。我已经完成了，“19”已经被我分成了 1

个“10”和9个“1”。

（在为学生示范后，这位教师开始介绍操练环节。）

今天，你们将要操练如何把数字分开。你们每个人有一张桌垫以及很多小棍儿和小部件。首先，我想让你们把数字“19”分开，也就是刚才我给你们演示的那个。（这位教师已经将她的示例收起来，尽管她会密切地监控每个学生，她依然想看看学生是否已经能够在某种程度上独立完成操作。她的学生有些犹豫，所以她鼓励他们“试一试”。）**别忘了你们要从个位上的数字开始。**（其实学生开始也仅仅需要这个提示。五个学生全都能够分解“19”，其中有些人更加迅速一点，她决定让他们再操练一次“19”这个数字。）

把你们的小棍儿和部件放回桌垫上那堆东西里，现在让我看看你们是如何用教具把“19”分开的。这次学生们完成得更加迅速并且所有人都准确地分解了“19”这个数字。[接着老师决定从11到19的数字中选择一个新的数字让学生操练。她选择了“15”这个数字，看着学生们数数并把他们的小棍儿和部件放在桌垫的正确位置上。她发现杰里米（Jeremy）的桌垫上的情况如图1.1，她立刻开始向杰里米提问并提示他。]**杰里米，请你读一下你正在分开的数字。**（杰里米正确地回答了“15”。）**很好，现在请你告诉我“5”的意思是什么。**（杰里米回答道：“5个1。”）**很好，现在请你看着个位那边的垫子，数一下你放了多少个1。**（杰里米开始数数并且立马意识到自己犯了一个错误。老师想知道杰里米在垫子上放下4个部件之后，却认为自己已经完成了任务的时候，他在想什么。杰里米解释说自己太着急，没有采用老师的方法对自己的作业进行检查，即看着个位上的数字，然后数一下在个位数那半块垫子上自己放了多少个部件。老师让他更正他垫子上的摆放。）

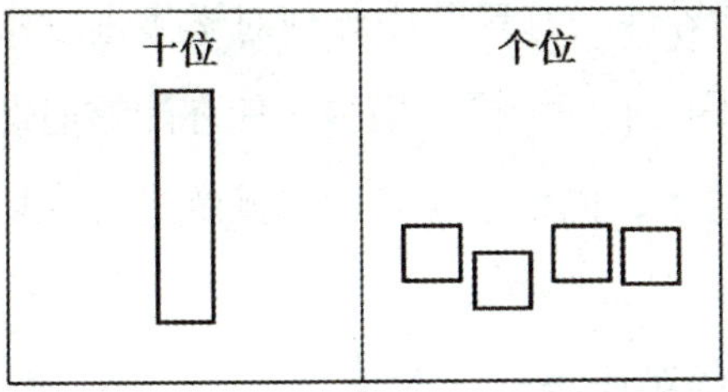

图1.1 杰里米的垫子上显示数字“14”

（接着，老师让学生从一摞卡片中抽取一张，并且用教具对抽到的数字进行分解。）**把你们选择的数字放到垫子的上方，这样我才能够检查你们做得对不对。**（老师知道这将是操练环节最关键的一步，所以她密切地监控学生的操练，以确保他们每个人的呈现都是准确的。）

小学教学中实施密切监控的反例

在这个反例中，隔壁房间的教师教授同样的内容。在整个分小组教学中，他直接告诉学生去思考什么，而不是通过提问给学生提示。教师提供给了学生十进制的小棍儿和部件，但没有针对如何分解进行示范。当教师拿出目标数字“12”时，他告诉学生：“个位上有个‘2’，所以拿两个小部件；十位上有一个‘1’，所以得拿一根小棍儿。所以现在我们有一个‘10’和两个‘2’，或者‘10+2=12’。”随后他把数字“12”写在白板上。接着他又给了学生 4 个目标数字，并重复了刚才的过程。他让学生回到数学工作站（math stations），而没有进行任何反思或修正过任何知识。学生完全没有在教师的指导下进行操练，只是听从教师的指示。这个反例中的教师错过了一个通过提出引导性问题发展和塑造学生的十进制概念性知识的机会。

中学教学中实施密切监控的正例

中学教学中的正面例子是基于以下学习目标展开的：引用有力且彻底的文本证据来帮助分析文本明确的意义以及从文本中可得出的推论，包括确定文本对哪些东西未作明确说明（CCSS.ELA-Literacy/RL/11-12/1）。这个案例展示了在一堂高中英文课上，教师在指导性操练环节中如何对学生进行密切监控。该案例可分为两个部分：（1）提供了一个样本模板，使你能够追踪课堂推进的过程；（2）提供了一个课堂情景，描绘了课堂中对操练进行密切监控的具体情况。

实施密切监控的样课模板：十一年级英语语言文学课

表 1.3 是一个样课模板，展示了在中学教学中对操练环节进行密切监控的步骤。第 1 部分描述了学生在实际参与有效的操练前需要获取的概念性知识。第 2 部分则是教学场景中的实际操练环节。

表 1.3 实施密切监控的样课模板：十一年级英语语言文学课

操作步骤	给教师的注释
第 1 部分：教授技能、策略或过程所需的概念性知识	
1. 选定学习目标，并在操练的过程中实施密切监控	该案例中的学习目标是：让学生能够引用有力且彻底的文本证据来帮助分析文本明确的意义以及从文本中可得出的推论，包括确定文本对哪些东西未作明确说明（CCSS.ELA-Literacy/RL/11-12/1）
2. 确定教学的关键内容，学生在开始操练之前必须首先掌握这些内容	这个读写过程隐含着对大量的关键内容的要求：（1）需要明白如何在文本中找到证据，并在分析中使用这些证据；（2）明白什么叫分析文本；（3）对专业术语有清晰的认识，例如分析、展开、文本证据及嵌入等
3. 确定学生对需要理解的关键内容的加工方法，以帮助其在操练技能之前打好坚实的基础	学生对关键内容进行加工的过程将持续几个星期，他们会通过对正例和反例进行观察分析，了解什么是嵌入文本证据以及如何分析一个文本
第 2 部分：操练技能、策略或过程	
1. 确定在操练环节中，你希望学生操练的具体任务	学生需要通过各种样例来学习不同的写作方法，学习别的作者如何在一个文本段落中塑造人物、事件或者如何构思，然后才能开始操练撰写含有嵌入式文本证据的句子
2. 为学生准备必要的教具材料，以支撑他们展开操练环节	表 1.4 是一个能够帮助学生的反思表，该表可以帮助学生完成将文本证据嵌入文本分析过程中的各个步骤
3. 针对任务进行示范	案例中的教师通过“出声思考”的方式，为学生进行示范。让他们知道她是如何遣词造句而将文本证据嵌入到一个段落的写作中的。图 1.2 是对示范过程的一个综合展示
4. 学生开始操练，教师在一旁观察，确保所有学生都按要求写下一个没有证据的句子和一个引用证据的句子	教师在教室里走动，随时停下来看学生写了些什么，并恰当地指导、鼓励、表扬学生。在此过程中，如果一个学生做得更好的话，鼓励这个学生去给别的学生提出意见和建议
5. 学生尝试写下另一个嵌入文本证据的句子	当学生完成了他们第一个嵌入证据的句子，并且得到了教师的肯定后，他们就进入下一个模块，开始写另一个嵌入证据的句子

表 1.4 是一个教师准备的组合图表，将要点图和反思表组合在一起，旨在帮助她的学生掌握寻找文本证据来支持他们书面分析中观点的过程。一旦她对这个过程进行了示范，学生应该能够很容易地完成每一步骤，并且在每一步骤下面写下他们的反馈。

图 1.2 是一个样例，展示了教师运用“出声思考”的方式告诉学生如何嵌入文本证据。当教师对过程进行了这样的示范后，学生应该能够拥有更多自信进行操练。

表 1.4　嵌入引文论据的反思表（要点图）

1	从测试中挑出一些可能对举例说明或用证据证明你想表达的观点有用的单词或短语。你可能试图支持从文本中得出的结论或评估作者在文本中提出的论据和具体声明。首先，在下面的空白处（1a）写下你选出的单词和短语。当你写下它们的时候，想想如何用你自己的语言来表达相同的意思
1a	
2	现在，想一想，然后简单写下几个你可能造句的方法，如用你自己原创的句子来表达这个文本的中心思想，或者通过文本大意你得到的一个结论，又或者你想如何评价一个作者已经作出的论点或者声明。这些想法将让你开始写下句子的草稿。在下面的空白处（2a）写下大致的草稿
2a	
3	现在进行实验，将步骤 1 中你选择的单词和短语置入你在步骤 2 中所写下的句子中，用以表达你在步骤 2 中的想法。注意单词和短语的顺序，以确保句子通顺。有时候，确定这个句子“感觉”是否对头的唯一方式就是大声朗读出来，看它听起来如何。把这个句子写在下面的空白处（3a）
3a	

改编自 McEwan-Adkins & Burnett（2012）。

实施密切监控中的课堂情景：十一年级英语语言文学课

一位高中英语老师希望她的学生掌握嵌入引文论据的过程，并对其操练过程进行密切监控。在此之前，她简要解释了这个过程，接着布置了作业并要求学生在第二天提交。现在她意识到，她需要采取“出声思考”和示范的方式让学生明白如何操作，接着给学生提供在自己视野中操练的机会。她的班上有 20 名学生，无论按何种标准都可以算得上是小班额，但是从密切监控这一特定过程层面考虑，这样的班级规模还是过大。所以她决定将班级分为两个小组，每组有 5 对学生，并将轮流检查每组和每个组员的操练过程。

她的示范过程如图 1.2 所示，使用学生以前读过的文本，希望他们练习写一个嵌入式引文的句子，此句中的引文应来源于文本的第二段。她鼓励学生参考要点图以引导他们的操作。在示范中，她使用的引用论据来源于文本的第一段。此外，该文本还有两段，她让每组就第二段进行操练。

在分析和撰写文本时，你需要掌握的技能之一是：如何从文本中选择和使用引文来论证。这种论据被称为**“引文论据”**。

昨天我们读了一本书中的选段，其中作者描述了他作为一个美洲原住民的成长经历。我首先写了关于这个文本的叙述，但没有提供任何证据来支持我的观点。

我是这样写的：作者的创作思路主要来源于他童年时期在弗吉尼亚州得到的经验。

然而，我不能用这样的陈述方式来回答一个问题或作为对提示的回应。我必须从文本中提供证据，也就是说，我要从文本中提取现有的单词和短语，以支持我的观点。

所以，我应该这样写：作者的创作思路主要来源于他童年时期在弗吉尼亚州所学到的“多做事，少说话，融入群体”的经验，解释了他为什么对自己的部族背景总是轻描淡写，每当他的孙辈们问他对印第安人的看法时，他给的永远都是“一成不变的答案”。

我的第二个叙述方式中，带有引号的单词和短语就被称为**“嵌入式引用”**。这些单词和短语直接来源于原文，只要你用引号将引文标注出来，那就可以直接从作者的作品中复制所选的单词和短语。这些嵌入式引用被称为**“论据”**，因为它们说明或证明了你关于作者作品的观点。

经许可，转载自 McEwan-Adkins & Burnett(2012), Solution Tree Press。图 9.3，如何嵌入引用论据。

图 1.2 教师运用“出声思考”的方式告诉学生如何嵌入引文论据的样例

她是这样给学生布置任务的：

> 同学们，我已经对这个过程进行了示范，你们手上已经有了这篇我们读过的文本，它被分成了三段。现在还剩下两段，我想让你们每个人根据第一段写两个句子。在这个过程中，我会在教室里走动，检查你们的完成情况，确保你们参照我的演示完成要点图中的每个步骤。
>
> （教师很高兴她的学生都认真地对待这个任务，并从她的示范和“出声思考”中获益良多。学生正在帮助他们的小组成员对句子进行润色。）
>
> （在快要下课的时候，教师打断学生并告知“时间到”。）同学们，谢谢大家在这堂课上所付出的努力并且高质量地完成了任务。我知道你们中的有些同学还在做，但是我将把你们的作品都收上来，以便更仔细地批改。如果你还没有做完，你们可以选择在午餐时间或自习时间继续做，并在今天放学之前交给我。

中学教学中实施密切监控的反例

这个反例中的中学教师，和正例中的教师教授相同的内容。他们采用相同的模型、文本和要点图，然而这个反例中的教师未在操作技能之前让学生掌握操练所需的概念性知识。另外，他认为没必要用模型和图表来操练一个简单任务，即学生在对文本进行书面分析时引用文本论据支撑自己观点这样的任务。他远远高估了学生掌握这个过程的能力，当他坐下来开始批改学生作业的时候，他终于意识到学生在执行该项技能的时候是缺乏概念性知识的，这也就导致他们的作业远远未能达到英语系的标准。

确定学生运用密切监控时是否熟练

针对任何方法的操练进行监控都要注意两个方面：（1）可以证明练习活动达成了预期结果的学生活动；（2）教师为了检查预期结果并对学生进步提

供一定反馈而做的事情。以下是在密切监控期间，核查预期结果的一些具体做法：

◇当学生在阐述操练中他们所作决定的依据时，教师应该仔细聆听。

◇当学生出声朗读他们的书写内容时，教师应该仔细聆听，以确定他们是否精准地符合任务标准。

◇在说明了技能、策略或过程后，让学生一起作答并巡视整个小组以确认他们是否作出了正确的反应。

◇如果大部分学生都能一起给出正确答案，就转而让个别学生单独作答。

◇让学生把他们的答案写到白板上，以证实他们的掌握程度。

学生在密切监控期间操练活动有效性的熟练程度量规如表 1.5 所示。它将帮助你评估学生从你使用的操练活动类型中获益的程度，使用该量规可以帮助你检验自己密切监控的学生操练是否达成预期结果。

表 1.5 使用密切监控操练技能、策略与过程的学生熟练程度量规

新手入门	基本掌握	预期达标
学生观察教师对技能、策略或过程进行示范	学生尝试技能、策略或过程	学生实施技能、策略或过程
学生能够描述技能、策略或过程的重点	学生能够精准地阐述技能、策略或过程的组成部分	学生能够阐明他们是怎么思考的以及他们为什么那么做
学生对操练环节进行反思	学生能够描述成功地实施技能、策略或过程所需的举措	学生能够说明什么对他们来说不适用，以及技能、策略或过程的哪个部分需要改进，以让他们达到更加熟练的程度

开展支架教学和拓展教学满足学生的需求

每个班都会有些学生需要更详尽的指导和更长时间的密切监控。同样，也有一些学生在某个特定技能、策略或过程的操练上是只需要少量甚至不需要监控的。可以从以下观念出发，为这些学生创设支架和拓展内容。

支架教学

◇为学生提供一个要点图或者流程图，以提醒学生技能、策略或过程的各个步骤。让学生在图示中标注出那些可以推进准确行为的问题。允许学生在操练环节的开始阶段参考这些图示和标注。

◇让学生挖掘一个帮助自己记忆的手段，用来更好地记住技能的每个步骤。

◇将技能分解成小的技能模块，让学生操练并总结这些步骤。在进入下一项技能模块之前，学生应该已经实现了前一项技能模块的自动化。

◇确保所有学生都在操练。鼓励学生使用白板来实施操练，以便操练内容可以方便地展示和擦除。

◇如果可能，使用基于技术的学生反馈系统来确保所有学生都参与操练。如果教室里没有交互式电子白板，则可以使用免费的在线学习反馈系统，如Socrative.com 或 Infuselearning. com。这两个系统都允许学生使用电脑或平板电脑记录自己对程序性知识理解的反馈。这样，你就可以保存学生反馈的数据，作为其理解和运用程序性知识的依据。这两个程序都能够下载一个包含了学生反馈的报告。

拓展教学

◇提出具有挑战性的问题，并促使学生去设想：使用和不使用技能或策略会对结果有什么影响。

◇让学生设计并验证自己的设想，即如果在不同情况或环境中使用技能、策略或过程将会发生什么。

◇让学生观看使用某项技能的现场演示（或视频），或评价使用这一技能得到的典型成果。

◇让学生制定一套确定表现质量的标准。学生将需要推断所使用的技能，并评论自己对程序性知识的掌握情况。

教学方法 2　提供样例

样例（Worked examples）一步一步地展示或示范了如何执行技能、策略或过程。这是一种指导性操练，在学生刚开始学习关键内容时最为有效。它们有各种不同的类型：在读写素养内容中说明程序性知识的文本范例；详细说明特定运算法则的各步骤图解；抑或互联网上帮助理解科学过程的多彩动画。在课堂上使用样例进行操练有以下四个主要原因：（1）通过多个步骤来支持复杂的程序性知识的学习；（2）在获取新技能、策略或过程的同时，减少学生的认知负荷；（3）为自我解释和自我反思提供提示，引导学生深入理解；（4）增加学生背景知识的储备，加强他们对概念性知识的了解。

虽然搭建支架通常被认为是一种帮助学困生的方法，然而在使用样例进行操练的情况下，我们更应该认为这是一种在学生刚接触具有挑战性的程序性知识时防止受挫而避免气馁的方式。在操练各种技能方面，障碍总是会突然出现。考虑使用样例来避免这些障碍，从而使学生在首次遭遇关键内容的时候，获得更多成功和满意的经历。这样，那些在第一课后原本可能会选择放弃的学生可以重播视频、跟随文字范本的步骤或者通过注释图和样例来提高其解决问题的能力。

样例经常出现在数学教科书中，但是其实在别的内容领域也有广泛的应用。互联网为我们提供了不同内容领域的大量动画样例。然而，请记住，这些样例不可能适用于所有学生。对于已经掌握了某个技能、策略或过程的学生，如果让他们把时间过多地消耗在样例引导下的操练上，他们会很容易厌倦。

如何有效地运用样例

有效实施样例涉及以下三个基本步骤：（1）你想让学生操练某个技能、策略或过程至熟练，则需要教授学生相关的基础性概念知识；（2）在操练环节之前，准备好样例、讲义或自我反思模板；（3）对如何运用样例进行示范，并密切监控学生的操练。

教授技能、策略或过程相关的概念性知识

本书的重点在于运用不同的方法对技能、策略与过程进行操练，所以尽管教授学生必要的概念和词汇会花费一些时间，但是这是值得的，这能帮助他们在操练环节更有成效。

为技能、策略或过程寻找或设计一个样例

最有效的样例应具备以下特点：（1）不解自明；（2）尽可能不包含任何干扰信息；（3）将样例不同方面的联系展现清楚；（4）强调结构性的特征，帮助学生将问题和解决方案整合起来，或将执行方法与任务整合起来；（5）将样例中最有意义的部分单独凸显出来（Renkl, 1997）。你可以自创样例，也可以用早年学生代表性的作品（在该学生同意的前提下），或者在互联网上查找合适的样例。

能够提升学生操练质量的样例应该具有以下两个特征：学生脚本（student scripts）和自我反思（self-reflections）。学生脚本是由教师创作，然后由学生大声朗诵出来的。学生脚本对具体样例的每个步骤进行叙述，一般都是以第一人称用便于学生理解的语言写成，因此当小组成员轮流朗诵脚本时，他们可以开始熟悉描述技能、策略或过程的语言，从而更深入地使各步骤概念化。在样例中，这些脚本往往与每个步骤紧密相连。

根据学生的需要和教师的喜好，自我反思可以是学生大声说出来也可以是写下来的。自我反思是学生就他们在做什么这一问题，结合“与自己对话”和“出声思考”这两种方式进行的。他们通过自我反思可能会提醒自己不要忘记某个规则，或者叙述他们是如何解决一个问题或执行一个过程的。

使用样例进行示范和监控

为学生示范如何朗诵一个脚本以及认真地完成技能、策略或过程的每个步骤；同时，为学生展示如何对他们的想法进行反思。花时间帮助学生明白脚本和自我反思的意义：（1）确保学生对策略或过程的步骤进行一个彻底的预演；（2）有效地让学生参与到对程序性知识的掌握中来。

一旦你对如何使用脚本以及如何自我反思完成示范，就可以让学生成对地进行操练。引导学生进行这样的自我反思需要运用在教学方法 1 中提到的密切监控。你要认真聆听学生朗诵脚本，同时判断他们的自我反思是否切中要害。表 2.3 中是一个小学教学样例，包括了教师写的学生脚本以及学生写的一套自我反思。

表 2.1 展示了一个使用样例设计操练的样课模板。模板的第 1 部分包含了介绍技能的基础的概念性知识的步骤，学生将有一次或多次机会来加工该内容。第 2 部分描述了准备操练环节的步骤。第 3 部分描述了实际操练环节。

表 2.1　有效地运用样例的样课模板

操作步骤	给教师的注释
第 1 部分：教授技能、策略或过程所需的概念性知识	
1. 选定要使用样例操练的学习目标	你选择的学习目标应当指导你对接下来使用的样例进行选择
2. 确定你向学生提供样例之前首先要教给他们的关键内容	教授概念、词汇和背景知识，以增强学生的理解，并能够比较容易地从运用样例进行操练这一环节中获益
3. 确定学生对关键内容的加工方法	学生在充分准备好操练之前，他们需要谈一谈、写一写，以某种方式对关键内容进行加工

（续表）

操作步骤	给教师的注释
第 2 部分：操练环节开始之前需要做的	
1. 找到或创作你计划使用的样例	开始收集各种样例，以便在需要使用的时候能够从你的档案中轻易找到
2. 如果可以的话，为学生撰写一个和样例搭配使用的范例脚本	以第一人称撰写范例脚本，让学生可以出声诵读脚本并且形象地逐步了解操作的每个步骤，就像他们自己写下了脚本一样。整个操练过程以学生为本
3. 创作一些反思的样例，在给学生进行示范时可以用到	学生应当撰写他们自己的反思，但是在你为他们示范这个反思模板看起来或者听起来是怎样的之前，他们恐怕无法完全享受这个过程并从中获益
第 3 部分：操练技能、策略或过程	
1. 对你希望学生如何使用样例进行示范	采用“出声思考”的方式来朗读学生脚本。向学生展示当你在仔细考虑如何解决问题或执行样例中的过程时，你思考的是什么
2. 在学生运用样例更加深入地理解技能、策略或过程的时候，教师应该进行监控	确保每一个学生都在独立地出声朗读各个步骤，并遵循步骤进行操作
3. 布置给学生两个待解决的问题，让他们运用样例作为模板去解决	一旦每个学生都解决了这两个问题，他们将结对合作，对比答案并对整个过程进行反思以及思考样例是否有用

常见错误

与所有教学方法一样，使用样例来实施操练活动的方式效果有好有差。如果在设计课程之前意识到一些常见的错误，可以帮助你为学生创造出成功的操练经历。以下是一些应该尽量避免的常见错误：

◇教师未能充分识别与样例相关的重要内容，并且在导入样例之前未为学生提供处理该内容的机会。

◇教师未采用学生易于理解的样例。

◇教师未要求学生在浏览样例各个步骤时“出声思考”并进行反思。

◇教师未密切监控以确保学生抓住技能、策略或过程的本质。

◇教师未用更多更复杂的样例来跟进首个样例。

◇教师提供了太多的样例，使学生感到困惑。

◇教师构建的样例未能充分体现技能或策略。

◇教师把样例看作唯一或最好的解决方案。

◇教师过分强调算法技能领域。

◇教师未能用新的任务和问题来进行样例置换，以要求学生具备更加独立地执行程序性知识的能力。

运用样例的正例和反例

以下这些正例和反例是教师在课堂上使用样例时出现的，这些案例可能和你教授的年级水平或者科目都不同，但是，你可能会找到一些有用的想法来激发自己以独具创意的方式来使用样例。

小学教学中运用样例的正例

这个案例展示了小学教师如何使用样例作为她四年级数学课指导性操练的一部分。该案例分为两个部分：（1）提供了一个样本模板，使你能够了解如何推进课堂教学；（2）提供了一个课堂情景，对课堂中在操练环节运用样例的具体步骤进行描述。

运用样例的样课模板：四年级数学课

表 2.2 是一个样课模板，对四年级数学课上使用样例进行操练的各个步骤进行了描述。

表 2.2　运用样例的样课模板：四年级数学课

操作步骤	给教师的注释
第 1 部分：教授技能、策略或过程所需的概念性知识	
1. 选定要使用样例操练的学习目标	该案例中样例操练课的学习目标是：使用基于位值和运算性质的策略，将一个一位数的整数与不超过四位数的整数相乘，将两个两位数相乘。用方程式、矩阵或面积模型来阐述和解释计算过程（4.NBT.B.5,CCSS）
2. 确定你向学生提供样例之前首先要教给他们的关键内容	关键内容包括了位值和运算性质的概念
3. 给学生机会对重要的概念性知识进行加工处理，以帮助他们最大程度地从样例中获益	学生用方程式、矩阵或面积模型来阐述和解释计算过程，从而达到加工处理关键内容的目的
第 2 部分：操练环节开始之前需要做的	
1. 创作你计划使用的样例	教师创作一个两位数相乘的样例，见表 2.3
2. 撰写一个范例脚本，用以向学生展示如何针对任务或问题中的各个步骤“与自己对话”和“出声思考”	范例脚本如表 2.3 中的第一列所示
3. 创作一系列反思问题，用以在操练环节后促进学生提高	教师也需要创作一系列反思样例，向学生展示在做的时候对“他们在做什么”进行“出声思考”。自我反思的样例如表 2.3 中第三列所示
第 3 部分：操练技能、策略或过程	
1. 就如何使用脚本为学生作示范，帮助他们学会用脚本引导完成样例	教师使用脚本作为自己“出声思考”的一部分，以此向学生展示如何朗读脚本，并指出问题中的每个步骤
2. 一旦学生已经对样例进行了朗诵和加工，布置给他们两个需解决的问题，让他们根据样例中的示范来解决	学生在努力解决这两个操练问题的过程中，可以阅读提供给他们的脚本
3. 运用自我反思的样例引导学生反思这项练习是如何帮助他们更好地理解这个过程的	教师引导学生谈一谈使用脚本和样例是如何帮助他们更好地理解技能的

表 2.3　两位数乘法样例的学生脚本和自我反思模板

样例中的学生脚本	样例	自我反思
1. 第一步是将问题写下来，哪个数字写在上面都可以。另外，我需要将一个乘号（×）写在下方数字的左边	32 ×23 ——	我明白两个数字的位置是可以交换的，这是运用乘法运算定律中的交换律。这个问题不是一个应用题，把位置进行交换并不会改变答案。在应用题中，交换位置则可能会影响答案的正确性
2. 我接下来要做的是用下面数字个位上的数字 3 和上面数字个位上的数字 2 相乘得到 6。$3\times2=6$	32 ×23 —— 96	这是一个比较简单的两个两位数字相乘的问题，因为这里所有的乘积都是一位数，所以我不用担心进位的问题
3. 下一步骤是写一个 0 在第一个乘积的单位列下方。看起来应该是这样的，我这么做是因为接下来需要将在十位上的两个数字即 3 和 2 相乘	32 ×23 —— 96 0	把那个 0 放在这里占位是很重要的一步，这样我不会忘记接下来相乘的数字应该在十位上
4. 现在我将把下面数字十位上的数字 2 和上面数字个位上的数字 2 相乘（$2\times2=4$），并将 4 写在 9 的下方，也就是 0 的左边。接着我将十位上最下方的数字 2 和十位上最上方的数字 3 相乘（$2\times3=6$），然后需要把 6 写在 4 的左边	32 ×23 —— 96 640 ——	再一次，这个问题依然很简单，始终不需要考虑进位的问题
5. 最后，我需要做的是把两个乘积相加，即（96+640） 现在我必须做一个很重要的事情，它是在这个乘法运算中还没有遇到过的问题，那就是记住当我把十位上的 9 和 4 相加的时候，我必须进一个 1 到 6 上，得到 736 这个答案。我本可以写下我进到 6 上的数字，但是它很容易就能记住，所以不用写下来	32 ×23 —— 96 +640 —— 736	在最后一步中，有一个地方我需要进位，尽管我知道我需要在作业中显示出来，但是我还是决定用心算

小学教学中运用样例的反例

这个反例中的教师为学生准备了相同的样例，但是只提供了数学计算。另外，他还忽略了整个让学生学习和加工概念性知识的环节，因此学生难以完全理解和掌握两位数和两位数相乘的乘法法则。他把学生分为很多小组，并要求他们逐步讨论样例，但是他们的讨论很分散，学生很快对样例失去了兴趣，转而开始聊课间休息的安排。

中学教学中运用样例的正例

中学教学中运用样例的正例是基于以下学习目标展开的：仔细阅读以确定文本明确表达的内容并从中得出逻辑推论；在撰写或说话时引用特定的引文论据，以支撑从文本中得出的结论（CCR Anchor Standard for Reading in Grades 6–12, Standard 1）。这个案例说明了中学教师如何使用样例来锚定标准实施整个过程。该案例分为两个部分：（1）提供了一个样本模板，使你能够抓住操练前应该准备好的先决条件；（2）提供了一个课堂情景，描绘了课堂中运用样例开展操练的具体情况。

运用样例的样课模板：六年级至十二年级英语语言文学课

表 2.4 是一个中学教学案例的样课模板，描述了教授概念性知识的步骤，以为学习目标中提到的技能打好基础。

表 2.4　运用样例的样课模板：六年级至十二年级英语语言文学课

操作步骤	给教师的注释
教授技能、策略或过程所需的概念性知识	
1. 选定要使用样例操练的学习目标	学习目标是：仔细阅读以确定文本明确表达的内容并从中得出逻辑推论；在撰写或说话时引用特定的引文论据，以支撑从文本中得出的结论（CCR Anchor Standard for Reading in Grades 6–12, Standard 1）

（续表）

操作步骤	给教师的注释
2. 确定你向学生提供样例之前首先要教给他们的关键内容	学生能够理解重点概念和词汇，这对掌握整个过程是非常有必要的：结论是什么？得出结论的步骤有哪些？以及如何用证据来支撑结论？
3. 给学生机会对重要的概念性知识进行加工处理，以帮助他们最大程度地从样例中获益	学生通过思考他们如何得出关于某事的结论，从而对关键内容进行加工：他们如何在自己的生活中运用证据来得出结论？
4. 创作你计划使用的样例	样例是学生之前在完成别的作业时曾经阅读过的一小段文本。表 2.5 为样例文本
5. 将样例有目的地分解为小模块，再准备一系列提示性语言用以帮助学生	文本已被分解为三个便于阅读的模块，但是，依然要求学生根据整篇文本得出结论
6. 创作一个范例脚本或一个要点图，用以向学生展示如何针对任务或问题中的各个步骤“与自己对话”和“出声思考”	表 2.6 列举了得出结论的各个步骤，表 2.7 展示了一个依据样例文本得出结论的示例

表 2.5 是一个样例文本，已被分解为三个便于阅读的模块，教师将示范如何依据整篇文本得出结论。（表 2.6、表 2.7）

表 2.5 样例文本

段落 1	我常常独自在沙漠中漫步，有幸看到过很多野生动植物，也见证了每天发生在大自然中的种种奇迹。我最喜欢的记忆之一是一次与郊狼的邂逅
段落 2	一个夏日的早晨，我正沿着一片被植被覆盖的郁郁葱葱的洼地漫步。 一只郊狼也在洼地上漫步，突然意识到我也在那里，它准备快步离开，于是我在沙地上坐了下来。我的行为立即激起了它的兴趣，因为这并不是人类常见的反应，也是一个非常不具威胁的姿势。于是，这只郊狼停下脚步并且也坐下来看着我。我只是坐在那儿，等着看它下一步要做什么。它有所动作了，它躺了下来，把头放在它的爪子上，仍然在看着我并且对我进行评估。我也躺下来把我的头放在手上休息，并盯着它那双聪明的棕色眼睛。过了一会儿，它滚成了侧躺的姿势，当然我也这么做了。接下来，我们在换姿势和翻滚中一起度过了美好的几分钟
段落 3	突然，郊狼竖着耳朵坐了起来。它最后看了我一眼，好像在和我告别，在一个骑马的人出现之前钻进灌木丛里不见了。 那真的是一种令人难以置信的神奇的感觉，当我盯着郊狼的眼睛，好像看到了它的灵魂，并且自己对它而言竟是一个值得分享私下玩耍时光的对象

来源：Merlin, P. © 2000.《索诺兰沙漠的自然史》，经亚利桑那索诺兰沙漠博物馆许可重印。

表 2.6 得出结论的具体步骤

1. 阅读完整文本。当在阅读的时候问一下你自己：基于文本证据，我能作出什么重要的判断？结论是你根据文本中的信息，通过识别和联系文本中的明确证据而作出的重要判断
2. 列出一个重要证据的列表，用以支撑文本的中心思想
3. 识别相关性最强和最为重要的证据，并将它们联系起来
4. 就相关证据对于文本中的人物、时间和观点意味着什么作出判断（达成结论）

经 McEwan-Adkins 和 Burnett（2012）许可重印，《20 个读写策略》，Solution Tree Press。

表 2.7 包含证据的反馈样例

关于完整文本得出的结论	作者与郊狼的"神奇"邂逅之所以是安全的、成功的，是因为他将他在和动物互动中获取的关于野生动物的知识运用到了实际生活中
证据	常常独自漫步在沙漠中 见证了每天发生在大自然中的种种奇迹 动物站在你面前的时候，明白威胁性举动和非威胁性举动的区别

中学教学中运用样例的反例

中学教学反例中的学习目标和正例中的目标是一样的，但是教师没有投入所需要的时间和精力去创作样例。她觉得她没有足够的时间可以放在概念性的基础知识上。此外，当她觉得自己写得不好的时候，不愿意把自己的创作当作一个范例展示在学生的面前。她向学生发放了正例中教师预先准备好的讲义，让学生分组进行学习，还让学生从已经阅读过的文章中，选择一篇写出结论。在她的课堂中，学生失去根据证据得出关于文本结论的机会，导致很难达到熟练的程度。

确定学生运用样例时是否熟练

只有学生能够在操练中运用样例完成以下任务中的一个或多个，你才能确定学生已经熟练地执行某项技能、策略或过程：

◇像样例中示范的那样执行该技能、策略或过程。

◇创作一个可以和同伴分享的样例。

◇描述该技能、策略或过程中涉及的每个步骤。

◇解释运用样例是怎样帮助他们阐明和巩固这个过程的。

表2.8是学生熟练程度量规，能够帮助你确定学生在运用样例进行操练时，他们在朝着预期结果前进的过程中进步了多少。

表 2.8　运用样例操练技能、策略与过程的学生熟练程度量规

新手入门	基本掌握	预期达标
学生能够在一个样例中识别出技能、策略或过程	学生能够解释一个样例中技能、策略或过程的关键步骤	学生能够解释如何运用技能、策略或过程针对样例进行加工
学生能够识别出一个样例中涉及的具体技能、策略或过程	学生能够识别出一个涉及具体技能、策略或过程的样例所需的关键步骤	学生能够创作出一个涉及具体技能、策略或过程的样例
学生能够复制样例中的操作	学生在解决别的问题时，能够运用样例引导他们自己，并且评价他们自己的表现	学生运用技能、策略或过程去解决别的问题，并评价自己的表现
学生能够识别样例中的哪些部分能够帮助他们学习	学生能够解释样例是如何帮助他们学习技能、策略或过程的	学生可以具体地解释如何运用样例去阐明和深入理解技能、策略或过程

开展支架教学和拓展教学满足学生的需求

当你可以更加熟练地运用样例进行操练活动的时候，你会发现你可以更容易地识别哪个学生或哪组学生需要更多或不同形式的指导。有的学生需要支架教学，以帮助他们从现在的位置走向他们需要去的地方；有的学生则希望在拓展教学中接受挑战，这样你可以期待他们和更多的样例进行互动。你可以采用下列建议作为根据学生的需求调整教学的出发点。

支架教学

当学生在遵循学生脚本或样例步骤时遇到了困难，你可以参考下列做法来调整你的教学。

◇使用学生易于理解的语言来撰写学生脚本。

◇提供更多直观的提示，以帮助学生更好地理解样例的各个步骤。

◇将样例分解为较小的模块，便于学生舒服地从一个步骤自然过渡到另一个。

拓展教学

对有些学生，你需要给他们布置比其他学生更多的学习任务。可尝试以下思路来拓展样例，给学生提供更丰富的学习机会。

◇指派学生创作适用于不同类型学生的样例。

◇指派学生创作适用于需要更多支持的学生的较简单样例。

◇指派学生创作不同形式的样例，如视频、PPT 或音频。

教学方法 3　常态的结构化操练

常态的结构化操练（Frequent structured practice）是在教学初始阶段，在教练或教师指导下进行的特定时间间隔后的操练，也被称为**“集中操练”**（massed practice）。如果再把之前介绍的密切监控的方法融合进去，这样既高度结构化又频繁发生的操练，将是最有效地帮助学生获得新的程序性知识的方式。

在引入新技能的过程中，学生需要听到“出声思考”的过程或看到对技能、策略或过程的演示。当技能、策略或过程的行为变得直观以后，学生需要在教师支持下进行尝试的机会。使用精心设计的从简到繁循序渐进的任务，可以确保学生能够成功运用新技能。操练环节的频率和结构为教师提供了一种形式，可用于监控学生是否能够准确获取关键内容并完成自动化。通常，三到五个高度结构化的操练环节是紧密相连的，加上教师为学生提供提示和反馈意见，可以使许多学生达到熟练掌握的程度，并能够满足继续进行更多样化的和独立操练的条件。有些学生可能需要更大量的常态的结构化操练。

如何有效地实施常态的结构化操练

有效实施常态的结构化操练开始于设计学生所需要的操练类型，分配给常态的结构化操练环节的时间不超过三十分钟。在初次学习后大约二十四小时之内，学生应该有另一次进行高度结构化操练的机会。最理想的是，这些操练环节将在接下来的几天内持续进行，或者如果面对的是更加复杂的技能，可能该操练环节将会持续几周，直到学生能够在没有指导下依然能够成功执行技能。渐渐地，引入更复杂的任务，操练可能变得不再那么结构化和频繁。那时，学生将准备好过渡到对流畅度的塑造上，并最终进行更具挑战性且多样化的操练环节。

表 3.1 是一个样课模板，向我们展示了结构化操练环节的步骤，以及在

常态的结构化操练期间实际发生的更为详细的信息。在任何操练环节中，清晰地讲解新技能、策略或过程，或对其进行“出声思考”都是关键步骤之一。讲解结束后，学生将得到一个类似的任务，其中包含了易于理解的内容，并要求学生将思考集中在技能、策略或过程的成功表现上。在密切监控方法中提到，在开始的时候给学生布置较简单的任务会更加有效。在学生执行任务时，用提问的方式来引导学生的思考。对正确运用技能进行及时强化，并且迅速识别不正确的运用以便进行调整。每次操练结束后，学生应当对学习过程和进度进行反思。

设计常见的结构化操作时，最大的诱惑是减少作为学生理解基础的概念性知识的教学，同时让学生一味操练以求熟练。脑子里没有基础的概念，学生的操练可能会沦为毫无意义的死记硬背，甚至导致学生的困惑和挫败。当操练或解决作业任务时，寻找答案的第一个地方就是在样课模板的第 1 部分——教授技能、策略或过程所需的概念性知识。模板的第 1 部分要适当留有宽裕的时间，这些步骤可能会持续几天甚至更长的一段时间。一旦你满意地认为学生准备好了，请进入第 2 部分，设计操练过程。样课模板的第 3 部分描述了实际的操练任务，讲述学生如何做才能多次精确地实施技能。

表 3.1　有效地实施常态的结构化操练的样课模板

操作步骤	给教师的注释
第 1 部分：教授技能、策略或过程所需的概念性知识	
1. 选定你要开展的常态的结构化操练的学习目标	如果没有识别希望学生学习的技能、策略或过程，你不可能实施常态的结构化操练
2. 确定你在向学生介绍技能、策略或过程之前首先要教给他们的关键内容	确认你希望学生掌握的技能所需要的概念性知识这一步骤是十分必要的，如果学生不理解重点概念或词汇，你的示范和他们的操练都将变成无意义的重复，而不是使学生真正地习得关键内容

（续表）

操作步骤	给教师的注释
3. 确定学生对关键内容的加工方法，并为其提供加工重要概念性知识的机会，以帮助他们最大程度地从操练环节中获益	在学生独立阅读阶段，为其提供内容材料
第 2 部分：操练环节开始之前需要做的	
1. 决定你将如何检测学生在技能、策略或过程上的执行情况	常态的结构化操练是一种会持续几天或者几个星期的指导性操练，这取决于技能或过程的难易程度。一开始它需要我们在教学方法 1 中提到的那种密切监控，以帮助你及时纠错、做引导性提问或为学生指明一个更具成效的方向。分小组进行操练是实施常态的结构化操练最有效的方式
2. 确定你将如何对技能、策略或过程进行分解，以便更具操作性	从一个技能、策略或过程的最小模块开始操练，让学生能够通过首次操练就感受到成功的可能性更大
3. 在与技能、策略或过程以及年级和内容相适应的前提下，为学生准备一个要点图，让学生在复习的时候对技能、策略或过程的各个步骤有一个直观线索图	要点图应当包括执行某技能、策略或过程的定义或描述以及各个步骤。另外，要点图也需考虑为学生的讨论提供参考讲义。这样的讲义对课后的独立操练环节帮助颇大
4. 撰写一份与年级水平和内容相适宜的引导性问题备选单	例如，当学生在操练一个数学技能时可以问以下问题：（1）你怎么开始？（2）你接下来需要做什么？（3）你怎么检查你的成果？
第 3 部分：操练技能、策略或过程	
1. 确定在操练环节里，你希望学生操练的具体任务	如果技能过于复杂，将它分解为更容易操作的小模块。将操练的任务、学习目标以及你希望看到学生达到的预期结果结合起来
2. 针对你希望学生在这个环节操练的技能、策略或过程进行明确的说明和“出声思考”	花心思把说明或者“出声思考”的步骤诠释得更清晰和准确，并想办法尽量把你的思维方式和思考过程直观地展示给学生

（续表）

操作步骤	给教师的注释
3. 观察学生操练任务的过程	如果可能，记录下操练过程的趣事。指导、提示并表扬学生，并且确保所有学生都作出回应。在常态的结构化操练环节中，不要使用小组循环或轮流的方式开展操练活动
4. 总结操练环节	让学生解释他们是如何使用技能、策略或过程的，或者当他们执行操练任务的时候，他们是如何思考的

常见错误

以下几种情况会导致教师无法让常态的结构化操练充分实现预期效果。

◇教师未通过教授必要的概念性知识为成功的操练奠定基础。

◇教师未能正确地向学生传达正在操练的内容以及为什么要对此进行操练。

◇教师未能细致地审视技能、策略或过程的各个步骤。

◇教师未能充分地阐明技能、策略或过程，或未对此进行示范。

◇教师试图教授和操练的技能对于学生的现有水平来说难度过大。

◇教师未对学生操练中的错误进行密切监控，未通过示范或展示正确的模型来及时纠错。

◇教师未为每个学生创造操练技能、策略或过程的机会。

◇教师未针对操练环节提供足够多的结构，因此学生丧失了对操练内容的注意力和聚焦点。

常态的结构化操练中的正例和反例

在你考虑这些常态的结构化操练中的正例和反例时，仔细阅读以识别常见的错误，并且密切关注有关如何有效地实施常态的结构化操练的建议。

小学教学中常态的结构化操练的正例

该案例展示了小学教师如何在阅读教学过程中组织和实施一个结构化操练环节。该案例的学习目标是：询问和回答关于文本中的关键性细节问题（CCSS.ELA-Literacy.RI.1.1）。在第一个操练任务之后，她会用一个或两个额外的操练任务跟进，以便学生有机会习得关键内容。该案例分为两部分：（1）提供了一个课堂教学样例，使你能够了解课堂教学流程；（2）提供了一个课堂情景，对课堂的具体环节进行描述。

实施常态的结构化操练的样课模板：一年级识字课

表 3.2 是一个与后面描述的课堂情景相符合的完整的样课模板，该模板的第 1、2 部分能够帮助你理解开展操练之前的课堂情景。只有实际的操练环节会呈现在接下来的课堂情景中。

表 3.2 实施常态的结构化操练的样课模板：一年级识字课

操作步骤	给教师的注释
第 1 部分：教授技能、策略或过程所需的概念性知识	
1. 选定你要开展的常态的结构化操练的学习目标	该案例中课程的学习目标是：询问和回答关于文本中的关键性细节问题（CCSS.ELA-Literacy.RI.1.1）
2. 确定你在向学生介绍技能、策略或过程之前，首先要教给他们的关键内容	教师已经教授过学生什么是细节，并且把不同文本中的正例和反例都展示并大声地读给他们听，也教过询问的概念以及提问和回答的区别。她在这一天的别的课上频繁地引用和使用这些概念

（续表）

操作步骤	给教师的注释
3. 确定学生对关键内容的加工方法，并为其提供加工重要陈述性（概念性）知识的机会，以帮助他们最大程度地从操练环节中获益	为了帮助她的学生更全面地加工背景知识，她常常在读故事的时候，花时间大声地向学生朗读一个简短的短语，并且问他们那是一个关键细节还是一个**微不足道的**（trivial）细节（一个学生喜欢用的成熟词语）。她已经教过疑问词——谁、什么、哪儿、什么时候、为什么和怎么样——以促进好问题的产生。学生没有被限制必须使用这些疑问词，但是对于那些不知道如何提问的学生来说，这些词是大有帮助的
第 2 部分：操练技能、策略或过程	
1. 确定在操练环节里，你希望学生操练的具体任务	学生在这个环节需要执行的操练任务是：在已经复习过关于这本书的所有方面（封面、书名、封底、插图等）之后，向作者提出关于该书的问题，教师在白板上写下他们提出的问题，接着学生一起阅读文本，并找出回答他们问题的关键细节
2. 针对你希望学生在这个环节操练的技能、策略或过程进行明确的说明和“出声思考”	教师针对如何向作者提问和如何通过阅读寻找解答问题的关键细节进行了示范，她提醒学生并不是他们提出的所有问题都能在文本中找到答案，也许他们需要在别的地方寻求某些问题的解答。另外，她提醒他们可以使用的疑问词，并在课堂上指出可以支持他们的提问技巧的要点图
3. 观察学生操练任务的过程	记录下操练过程中有关学生在技能上进步的趣事，并记下如何组织跟进后续的结构化操练
4. 总结操练环节	让学生参与到一个简短的讨论中来，让他们解释当他们在采用“‘问作者’—阅读—找到回答问题的关键细节”这个过程的时候，他们是如何思考的

实施常态的结构化操练的课堂情景

这个正例中的教师在操练前已经给学生打下了扎实的概念性知识基础，学生们都已经拿到了一份易于阅读的科学读本：德布拉·海利格曼（Deborah Heiligman）写的《从毛毛虫到蝴蝶》（*From Caterpillar to Butterfly*，1996）。这本书的一部分在以前的科学单元里曾读给学生听过，但是今天他们会运用这个文本进行一项操练活动，叫作**“问作者”**。学生们将通过观察书的封面、思考书名的含义、浏览书中插图，以及阅读封底文字所推导出的关于本书的一些想法向作者提出问题，以此发现作者在他们所共同阅读的这篇陌生文本中提供的关键细节，并用这些细节来回答以及进一步生成相关问题。然后，他们将通过阅读来寻找细节，以解答他们向作者提出的问题。

下文展示了教师是如何将该环节介绍给她的学生的：

> 同学们，今天我们要向这本书的作者提出一些问题，并来看看我们是不是能从书上找到回答这些问题的细节。记住当我们向作者提问的时候，提出的问题应该是我们真的希望得到答案的问题。我们能够从作者那里获取答案的唯一方式是：仔细地逐字逐句地阅读作者写在书中的文字。昨天我们在读这本书之前，先在自然课上列出了我们认为可能会在这本书中找到答案的问题表。今天我们将再一次更加细心地读一遍，看看我们是否能够在书中找到回答这些问题的细节。

这位老师将一张图表纸挂起来，上面是她记录的之前班上学生形成的一系列问题。以下是其中一些问题：

◇毛毛虫是从哪儿来的？

◇毛毛虫长到成虫需要多长时间？

◇毛毛虫吃什么？

◇你为什么写了一本关于蝴蝶的书？

◇书中那些漂亮蝴蝶的插图是谁画的？

◇毛毛虫在它造的小房子里待了多长时间？

◇你是怎么称呼这个小房子的？

◇一只丑陋的毛毛虫怎么会变成如此美丽的蝴蝶？

首先，我想给你们展示一下，我们将如何在书上找到细节来回答我们写下的这些问题。我将朗读第一页，你们一定要密切关注重点的细节。

（这位教师朗读第一页。）“今天一只装在罐子里的毛毛虫来到学校。它吃绿色的叶子，它扭动着身体爬来爬去。这只小小的毛毛虫将要变身，变成一只美丽的蝴蝶。”（海利格曼，1996，第 5 页）

我已经读完了这一页，现在我会回到白板并重新读一遍我们提出的问题，看看书中是否有细节可以回答它们。（这位教师大声地读出这些问题直到她读到下面这个问题。）毛毛虫吃什么？（她又看了一眼这本书的第一页，说她已经在书上找到一个细节可以回答这个问题。她引导学生和她一起看着第一页。这个重点的细节就是下面这句话。）它吃绿色的叶子。

同学们，我们将一起逐页朗读，并且我希望你们想想我们写下的问题，看看你们是否能在这一页找到回答问题的细节。

现在，让我们一起读吧。大家看着下一页：“毛毛虫通常是在户外变成蝴蝶，它们生活在花园、草地或者院子里。但是我们将在这里，也就是教室里，见证我们的毛毛虫变成一只蝴蝶。这样的变化被称作‘变态’（metamorphosis）。”现在转向你的伙伴，一起找到你们提出的问题，并读出提供细节的句子。

（这位教师引导学生读到差不多一半并且找到了回答他们问题的细节，接着她这样总结这一环节。）同学们，你们太棒了。你们昨天向作者提出了非常好的问题，而今天你们已经通过在书上寻找回答它们的关键细节找到了一些问题的答案，明天我们将再一次进行提问、阅读和回答，我相信你们会成为阅读和思考的专家。

小学教学中常态的结构化操练的反例

这个反例中的教师尝试为学生设计常态的结构化操练，但企图一下子完成所有事情。她没有为学生奠定扎实的概念性知识基础以支撑他们阅读文本，也没有提供支架使他们可以专注于理解文本，而是自己设计问题，然后让学生一起去寻找问题的答案。她没有集中花时间在细节的概念以及为什么细节对成功地从文本中获得明确意思至关重要上。当两名学生开始和小组内其他成员一起争论答案的时候，操练环节戛然而止了。

中学教学中常态的结构化操练的正例

这是一个中学教学中的正例，展示了一名十年级的历史教师如何和学生一起开展一个常态的结构化操练环节。该案例分为两部分：（1）提供了一个完整的样课模板，使你能够了解课堂教学流程；（2）提供了一个课堂情景，对课堂的具体环节进行描述。从小学教学的案例中我们可以知道，在计划操练技能、策略或过程之前，为学生打好扎实的概念性基础是非常必要的。

有效地实施常态的结构化操练的样课模板：十年级历史课

表 3.3 描述了一堂运用常态的结构化操练开展的十年级历史课。

表 3.3　实施常态的结构化操练的样课模板：十年级历史课

操作步骤	给教师的注释
第 1 部分：教授技能、策略或过程所需的概念性知识	
1. 选定你要开展的常态的结构化操练的学习目标	该案例中课程的学习目标是：确定课文中词和短语的意思，包括描述历史或社会研究中的政治、社会或经济方面的相关词汇（CCSS Literacy in History/Social Studies, Science,and Technical Studies,Reading 6–12, Standard 4 specifically for Grades 9–10）

（续表）

操作步骤	给教师的注释
2. 确定你在向学生介绍技能、策略或过程之前首先要教给他们的关键内容	英语课的教师已经教过学生解读词和短语的策略，以及作者的措辞是如何帮助我们直观地了解和联系具体事件或情感的。策略的具体步骤可以在教室墙上的要点图里找到，见图 3.1
3. 确定学生对关键内容的加工方法，并为其提供加工重要陈述性（概念性）知识的机会，以帮助他们最大程度地从操练环节中获益	学生已经详细阅读过原始和二手的历史探索材料，教师也已经指出那些现代社会生活中运用不多的陌生词，现在他想让学生对新的策略进行操练，即使用特定的社会背景和历史语境去解读在课文中遇到的词或短语
第 2 部分：操练技能、策略或过程	
1. 确定在操练环节里，你希望学生操练的具体任务	该操练任务中学生将尝试使用特定的社会背景和历史语境去解读在课文中遇到的词或短语，教师已经用要点图对这个策略进行了多次示范，但是他希望学生能够有更多机会进行常态的结构化操练
2. 针对你希望学生在这个环节操练的技能、策略或过程进行明确的说明和“出声思考”	教师第一次专门针对该策略进行示范的时候，选用了琼·达什（Joan Dash）的《经度奖》（*The Longitude Prize*，2000）中的一个词，这本书这个班已经开始在阅读了。他把要点图作为参考，并将他的历史背景知识带入到对课文中词意的解读中去
3. 观察学生操练任务的过程	教师聆听学生是如何使用要点图的，他知道他们需要额外的操练
4. 总结操练环节	学生对“如何运用要点图帮助他们解读课文中的词”进行反思

图 3.1 的要点图和这位教师准备的要点图很相似，你可以把这个图张贴到墙上，或者像讲义一样放到学生的课业笔记本里以作为参考。

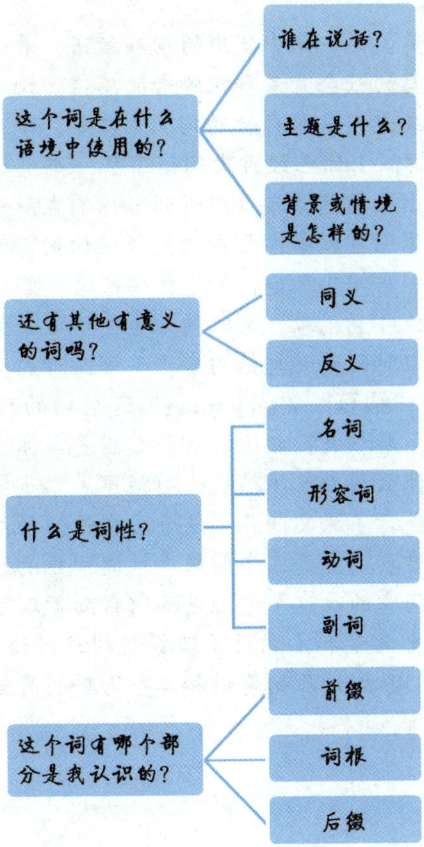

图 3.1 要点图：解读词和短语的意义

实施常态的结构化操练的课堂情景：十年级历史课

这个中学教学正例中的教师对一个关于探索 17 世纪和 18 世纪的单元内容进行设计，学生在阅读一段琼·达什的《经度奖》（2000）选录的同时，对这项技能进行操练。他是这样导入的：

> 同学们，当我在阅读史料的时候，我常常遇到一些我并不熟悉的词，我知道你们的英语老师设计了一个要点图向你们展示了如何理解一个看起来很陌生但是在几个世纪之前有意义的词。我们将回到课文并且检查

琼·达什在《经度奖》第一章中使用的词和短语，看看我们是否能更深刻地理解选段中描写的社会背景和探险者的感情。请再读一遍并且圈下任何对你来说很新或者用法很奇特的词。（接着，学生开始默读并圈下那些他们不知道的词。）你已经再次阅读了第一个选段，现在和你们的搭档分享一下你圈出来的词，我希望听到当你们在解读这些词的时候你们是如何思考的。你们可以参考要点图，帮助你们弄明白这些词和短语到底是什么意思。（当学生和他们的搭档一起合作解决问题时，教师对他们进行密切监控，并且记录什么时候学生使用或未使用引导性问题。三分钟后，教师宣布时间到并总结内容。）那么考虑课文的年代和情境是如何帮助你理解**“结算”**（reckoning）这个词的？这个选段的主题是什么？哪些词与主题相关？叙述者有什么感受？体会叙述者的感受对你解读词或短语有什么帮助？（然后，教师要求学生接着阅读和讨论下一选段，并且持续进行了课文的几个部分。在该活动结束的时候，他让学生总结一下运用要点图上的四个问题去解读词意的过程。）这个过程是如何帮助你解读词意的？这个过程是如何帮助你理解作者传达的信息的？为什么考虑历史背景和主题对于理解新词或短语至关重要？记住，我们的目标是当我们在阅读原始资料和二手资料的时候，能够自动地去解读词和短语。

中学教学中常态的结构化操练的反例

在对面的历史课堂上，学生正在阅读同一个包含了原始资料和二手资料的文本。然而，这位教师没有向学生提供阅读史料应有的过程，也没有告诉他们应该如何解读陌生的词和短语。学生正在阅读文章的下一部分，轮流大声地朗读，大概30%的学生在听课文并积极地参与到对话中来。教师随机点名，大多数学生无法讨论词意或通过描述当前语境从而解读其含义，这是因为这个操练没有把焦点放在通过阅读寻找含义时所要使用的策略上。这项活动的结果就是，一些学生将会遭遇新的陈述性知识，但在接下来的几天、几周或几个月内，这一天所学的就会被遗忘。因为这个教学仅仅关注了文本，而没有关注如何思考、处理这些文本和其他类似的问题，所以学生将不会迁移技能、策略与过程，以求为大学和就业做好准备。

确定学生运用常态的结构化操练时是否熟练

学生使用书写板来呈现他们对于操练问题、技能操练以及过程练习的反应。教师则浏览学生的作答，并在必要时给予解释，以确保学生对于类似的问题、操练或练习不断取得成功。请确保做到如下两点：

◇当你在教室里走动并聆听的时候，学生应配对操练，小声地互相解释一个概念或者过程。

◇学生把问题的答案写在他们的课业笔记本上。

表 3.4 为针对有效的常态的结构化操练活动的学生熟练程度量规，这将帮助你评估学生是否从你正在使用的操练活动类型中获益。在学生常态的结构化操练过程中，使用该量规来帮助你监控是否达成预期结果。

表 3.4　常态的结构化操练学生熟练程度量规

新手入门	基本掌握	预期达标
学生能够重述技能、策略或过程中的某些步骤或组成部分 在教师的提示和帮助下，学生可以实施技能、策略或过程	当在解释技能、策略或过程时，某些部分被忽略了，或被错误地说明了 学生能够实施技能、策略或过程，但还是存在一些错误或误解	作为常态的结构化操练的结果，学生能够解释说明技能、策略或过程的步骤 通过示范、使用图片或者画图等方式，学生能够展示技能、策略或过程的步骤 当学生实施技能、策略或过程时，他们在思考过程中没有误解或错误

开展支架教学和拓展教学满足学生的需求

组织支架或拓展操练活动的方式取决于你任教的年级和内容，这里有一些例子，告诉你如何满足需要额外支持的学生的需求，也有一些例子告诉你如何为程度更好的学生提供拓展学习的机会。

支架教学

◇为学生播放视频，给他们一本无字的书或者让他们跟着听文本的录音。你需要为这些学生设定“停下来思考”的点，以提示他们试试策略、技能或过程。

◇为每个学生提供独立的或者分级的问题或文本，如果希望学生达到的目标是理解并使用某个策略、技能或过程，你应该采用相对容易的问题或文本来实现它。

◇给学生提供物体或教具，让他们在解决问题的过程中使用。

◇用图画或符号帮助学生理解文本。

拓展教学

◇期待学生阅读更具挑战性的文本或解决更复杂的问题。

◇让学生记录他们掌握某项技能、策略或过程的进度，以确定什么时候他们准备好进入更多样化的操练。

◇在某些情况下，学生可以通过指导那些需要额外帮助的学生而获益。为充当指导者的学生提供需要使用到的操练结构的书签或要点图。

第二部分
独立操练

在第二部分中将提到三种独立操练方法。在独立操练活动中，学生将执行越来越严密复杂的任务和问题，这也就要求学生在应用程序性知识方面有更强的自主意识。

教学方法 4　流畅度操练

流畅（Fluency）是指某项技能、策略或过程达到以下两个水平之一：自动加工（automatic processing）和受控加工（controlled processing）。自动加工具有自动化和速度快的特点。当学生对他们在做什么无意识或无关注的情况下，能够自动地实施某项技能、策略或过程，他们的工作记忆能够自由地去执行别的认知任务——例如没有任何迟疑地理解他们在阅读的内容或者执行更复杂的数学运算法则。

受控加工则是更复杂的加工目标，如创作一篇文章或者设计一个科学实验。受控加工意味着学习者在实施任务的时候，必须有意识地关注到所需的每个步骤或方面，同时也要关注任务的特点并且认真思考如何最完美地完成任务。随着学习者的成熟和变得更加熟练，那些曾经更需要受控加工的过程往往可以变得更自动化。但是不管如何，流畅度的获取，不管是自动的还是受控的，都需要操练——对某个技能或过程多次的执行。

如何有效地实施流畅度操练

在每个年级和每个学科领域，都有需要发展到流畅的技能、策略与过程，不管是自动的还是受控的。有效地实施流畅度操练取决于你根据年级程度确定的需要自动加工以及需要受控加工的关键内容。

对需要自动加工的技能进行操练

学生需要操练以达到自动化程度的两个最关键技能是：单词认读和一位数的乘法，这两项技能都建立在学生要在学校内外取得成功所必须了解的概念之上。然而，这两项技能要达到流畅，除对概念性知识的理解之外还要加上高强度的操练。不可否认的是，一些学生或者学习小组比别人需要更多的操练，但是如果不把概念的理解和流畅度结合起来，当遭遇愈发严苛的挑战时，学生将无法对他们的阅读和数学知识加以应用，更说不上自动化运用了。

单词认读流畅度

单词认读流畅度的关键点在于多读。构建单词认读流畅度的最佳时期是一至二年级。然而，在多数学生可以开展大量的阅读之前，他们需要先获取关于认读过程基本的概念性知识，每天都在与文献的互动中获取积极的经验，并且被直接地和明确地教导基本的认读技能，包括：（1）认读出有规律的单词——首先是口头认读，然后默读，最后达到快速认读；（2）认读不规则的单词（有时候也被称为“**例外**”或者“**视觉词**”），这些单词是无法被正常解码的，而是需要记住的；（3）运用前缀和后缀以及如何把单词划分成音节的概念性知识认读高级单词。

通常会有一批学生在进入学校之前认读流畅度已经发展到一定水平，他们可能已经独立阅读过不少东西，不需要你在认读流畅度上的帮助。这些学生将继续大量阅读，他们自己已经成为求知欲很强的读者。然而，有些学生在某种程度上已经获得了上述技能，但由于在独立认读层面上没有进行足够的认读操练，所以没有能够达到熟练的程度。还有一些学生没有能够培养出流畅度，因为他们没有受到过任何直接和明确的认读方法方面的指导。表 4.1 列举了构建单词认读流畅度的步骤，你会立即注意到，设计用于构建单词认读流畅度的操练与其他零散技能操练的设计不太一样，它要求在教室和家庭中进行更全方位和日常化的操练。

构建单词认读流畅度的目标是：培养自信、会思考，并掌握丰富的词汇和具备优秀理解能力的阅读者，而不是速读者。

表 4.1　构建单词认读流畅度的步骤

操作步骤	给教师的注释
1. 在教室环境中布满不同水平的说明文和记叙文文本组成的小文库	目标是在正确的时间为一个独立认读的孩子提供正确的书目。如果你期待学生阅读那些充满他们不能独立认读的词汇的书目，这会让他们变得沮丧，从而在阅读方面落在后面

（续表）

操作步骤	给教师的注释
2. 给每本书建立一个亮点或者兴奋点，让学生渴望学会自行阅读	给学生朗读并不能帮助他们构建单词认读的流畅度，但是这可以帮助学生累积词汇量和背景知识，同时有动力获取独立认读单词的能力
3. 明确地教授基本的认读技能，并尽快让学生按他们独立阅读的水平参与到文本的朗读活动中来	如果学生具备对一些辅音和一两个元音进行正确发音和拼读的能力，他们很快就可以流利地读出单词
4. 借助易理解的文本让每位学生进行日常口头认读操练。易理解的文本指的是符合学生独立认读水平的文本	每天花四十五分钟的时间让学生进行独立认读，你可以将时间根据不同类型的活动分解成短一点的时间段。如果你希望构建流畅度，除了广泛阅读，没有其他的方法
5. 在广泛阅读的阶段，培养理解能力、耐力和责任感	一分钟阅读调查可能会对评价学生认读流畅度有所帮助，但是也有可能引起意想不到的结果。有的学生可能无法从这么短的文章里提取任何信息，他们可能将阅读行为和速度联系起来，而不是真正的理解，这会养成一些不好的习惯
6. 每天组织一个三十分钟的在家认读任务	让学生把装有符合他们独立认读水平的书本的书包带回家，并大声朗读给父母或监护人听
7. 采用多样的口头认读方法，让你指导的认读小组在流畅度构建上更容易	拉辛斯基等人（Rasinski et al., 1994）建议将大声朗读、齐读、聆听学生朗读和朗读表演结合起来，并加以实施多日。学生听你给全班朗诵一首诗或者别的文本，他们齐读，然后和一名同学结对一起操练朗读，最后面对一群观众进行表演，观众可以是他们同年级的班级，也可以是低年级或高年级的班级
8. 让学生对他们正在读的书目进行记录，并且在读书笔记中设立个人阅读目标	在学年初，学生能够独立阅读的书目应该是比较容易的，但是大量的阅读将保证学生进步到更高难度的阅读水平。仔细监控学生的进度并且激励学生去阅读越来越有挑战性的文本

改编自 McEwan（2009）和 McEwan-Adkins（2010）。

个位数乘法流畅度

在个位数乘法的核心运算上提高速度和准确度对于所有学生都是至关重要的，然而，与单词认读流畅度一样，提高乘法流畅度必须同运用教具和动手活动掌握关键概念同时进行。当学生了解乘法法则和过程并且能够使用连续的加法或教具找到答案的时候，你就知道他们已经准备好开始着手提高流畅度了。在这个时候，他们应该开始对个位数乘法进行操练以达到熟练。然而，帮助学生从理念的获取过渡到自动加工，对教师来说往往是很有难度的。

有些教师为此拼尽全力，甚至采取每周进行一次限时测试的方式，每次测试中包括了 100 个问题，这让学生既精疲力竭又感到沮丧。这些类型的测试可以毫不夸张地被称为“死读书”。有的教师急迫地进入复杂的运算法则，完全放弃这个过渡过程，改为向学生提供包含了所有乘法答案的表格或给学生分发计算器。还有一些教师把责任转移给父母，而父母也不会比教师有更好的办法。对于此时的学生来说，运算像两位数的乘法、长除法或者分数的除法时，在乘法表上找到正确答案或使用计算器所需要的心理和身体方面的精力会干扰到流畅度的提高。

以下组成部分对于提高流畅度至关重要：（1）引入新问题前需达到的具体的表现标准（比如完全掌握了前期的一小套运算实例）；（2）针对新引入的问题进行的集中操练（对每个新问题分两次进行各一分半钟的口头重复，该过程重复四次）；（3）对先前引入的问题进行系统化操练；（4）给日常操练分配足够的时间；（5）记录系统；（6）动机系统（Stein，Silbert & Carnine，1997）。表 4.2 概述了有效执行构建个位数乘法流畅度的步骤。一旦你熟悉了操练程序的结构特征，表 4.3 就能告诉你实际操练是什么样的。

表 4.2 构建个位数乘法流畅度的步骤

操作步骤	给教师的注释
1. 如果你在为一个低年级的班级（三年级或四年级）开发流畅度操练，将学生进行配对，用由相同四个问题组成的一组题，针对所有的学生展开操练方案（由两个问题以及它们颠倒数字之后的一组题，如：3×5 和 5×3，5×6 和 6×5），然后逐渐追加更多含四个问题的套题	由于学生自主性能力水平存在差异，可能需要对他们重新分组，这种时候，应该根据学生的流畅程度，将处于同样水平的配对在一起，相对于不同加工速度的搭档一起，这样会进展得更加顺利，他们甚至可能会产生一种激励自己的竞争意识
2. 如果你在为一个学习小组开发流畅度操练，首先得确定他们自动化的水平，基于学生还未掌握的问题构建你的成套操练任务。把自动化水平相同的学生进行配对	自动化意味着学生在大声读出题目后，能够毫不犹豫地给出答案，如“7×8 等于 56”，或者在大声读出题目后一秒内给出答案
3. 用一小组问题来进行操练，一次两到四个问题。学生必须记住答案，而不是从先前的知识里得出答案。他们可能会尝试使用学过的策略或者寻找捷径，但是告诉他们必须在一秒以内给出答案。这四个问题应该是由两个问题以及它们颠倒数字之后组成的一组题（5×8 和 8×5）和（6×9 和 9×6）	在你讲授更多内容之前，用一小组题目来操练以实现自动化（即时反应）。如果学生通过操练能够掌握一小组的问题，那么他们可以更快地提高流畅度
4. 开始采用更难的问题进行操练，如：3×8，4×7，6×9 和 6×7，并且在学生完全掌握第一组题之前，不要着急进入下一步骤	计时测试是很有必要的，但是测试范围不能超过学生已经掌握的范围。学生的成功是一点点获取的。在新一组的问题中植入父母参与部分，然而如果你想给予父母一些支持，那么可以组织一次小型培训会，向他们展示操练应该是怎么样的
5. 开发一个跟踪记录系统，并且构建一个结构用以激励学生	如果学生哪怕是很小的进步都会被跟踪到，或者在线状图上看到向上的轨迹，那么他们会更有动力

改编自 Stein, Silbert & Carnine（1997）和 Crawford（2015）。

为了制作练习册，选择学生还未掌握的问题，并且逐渐把之前教授和掌握的问题重新循环进混合练习题中。表 4.3 描述了在实际操作流程中的具体步骤。

表 4.3　个位数乘法操练流程的具体步骤

操作步骤	给教师的注释
1. 给两名学生一份分为两部分的练习题。练习题的上半部分提供了针对新引入问题以及从前两组问题中选出的操练，每个新引入的问题需要出现四次，而每个稍早学习的问题需要出现三次，每个来源于之前组题里的问题出现两次。合作搭档也会得到一份参考答案，可以在他们口头操练中使用	表 4.4 展示了一份练习题，用于每个学生都已经掌握了两组由两个题目组成的问题后。在你第一次介绍两套新的问题的时候，学生需要再次操练之前掌握的问题 表 4.5 是练习题的参考答案，把该答案给操练环节中担当“导师”角色的那个学生 表 4.6 是一份测试题模板
2. 每组搭档用十到十五分钟进行操练，在一个学生进行口头上操练的时候，另一个根据参考答案检查操练结果。学生需要对问题操练两次（三分钟的操练）	第一个搭档陈述完整的问题和答案：“5 × 7=35”。如果这个学生犯了错，如“5 × 7=49”，“导师”（拿着答案的学生）通过陈述完整的正确答案来进行纠正：“5 × 7=35”，学生有一分半钟的时间来完成这项操练。然后交换参考答案，第二个学生根据已建立的模式陈述完整的问题和答案，每个搭档完成一项操练任务。他们再交换参考答案，搭档 2 开始口头操练问题时，搭档 1 又变成了“导师”，拿着参考答案进行检查，接着，再交换一次参考答案。这样，每个学生得到两次操练问题的机会
3. 练习题的下半部分包括了一个 30 个问题的计时测试，要求在一分钟之内完成，正确回答 28 个问题则通过测验	一旦学生对口头回答变得比较流畅，就过渡到书面回答阶段。当学生在一分钟内能够流畅地说出和写下正确答案，就把练习题的数量增加到 40 个

表 4.4 展示了一个个位数乘法的练习题样本。根据学生未掌握的问题来设计你的练习题。让每个学生在每个已经被引入的问题上至少有四次操练的机会；对于那些之前已经掌握的问题，操练机会则可少一些。

表 4.4　个位数乘法流畅度练习题样本

8×3=	7×6=	3×8=	6×7=	6×9=	7×6=
9×6=	4×9=	7×4=	4×9=	9×8=	3×8=
7×6=	9×8=	3×8=	8×9=	4×7=	6×7=
9×6=	7×6=	4×7=	6×9=	8×9=	9×4 =
6×7=	4×9=	9×4=	7×4=	4×9=	8×3=
8×3=	9×6=	7×6=	8×3=	6×7=	6×9=

问题组的关键

1. 新引入的问题组：8×3=；3×8=；6×7=；7×6=
2. 之前介绍的问题组：9×6=；6×9=；4×9=；9×4=
3. 从之前问题组中衍生出的问题组：7×4=；4×7=；9×8=；8×9=

表 4.5 展示了一个参考答案样本，对应了表 4.4 中的练习题（36 个题目），“导师”（拿着参考答案并监控搭档答案正确性的学生）在某种程度上也在“操练”，因为在操练过程中，“导师”需要倾听正确答案以及纠正搭档错误的答案。

表 4.5 个位数乘法流畅度练习题答案样本

8×3=24	7×6=42	3×8=24	6×7=42	6×9=54	7×6=42
9×6=54	4×9=36	7×4=28	4×9=36	9×8=72	3×8=24
7×6=42	9×8=72	3×8=24	8×9=72	4×7=28	6×7=42
9×6=54	7×6=42	4×7=28	6×9=54	8×9=72	9×4 =36
6×7=42	4×9=36	9×4=36	7×4=28	4×9=36	8×3=24
8×3=24	9×6=54	7×6=42	8×3=24	6×7=42	6×9=54

问题组的关键

1. 新引入的问题组：8×3=；3×8=；6×7=；7×6=
2. 之前介绍的问题组：9×6=；6×9=；4×9=；9×4=
3. 从之前问题组中衍生出的问题组：7×4=；4×7=；9×8=；8×9=

表 4.6 展示了针对表 4.4 的练习题的内容而生成的测试题样本（30 个题目），学生必须在一分钟内回答正确至少 28 个问题才算通过测试。如果有人未能通过测试，则在下一个操练环节继续对同样的练习题进行操练。如果有哪对搭档非常积极地想更多地操练，他们可以选择其他时间参加额外的操练。

表 4.6 个位数乘法限时测试样本

8×3＝	7×6＝	9×8＝	6×7＝	9×6＝	8×5＝
6×9＝	3×8＝	4×7＝	4×9＝	8×3＝	4×9＝
9×8＝	9×6＝	6×7＝	7×4＝	8×9＝	6×9＝
8×3＝	7×6＝	9×8＝	6×7＝	9×6＝	8×5＝
6×9＝	3×8＝	4×7＝	4×9＝	8×3＝	4×9＝

运算法则的自动加工

一旦学生已经在个位数乘法中达到了熟练，他们在应对更复杂的数学运算法则时，也就更容易达到流畅的程度。表 4.7 描述了针对运算法则实施流畅度操练的具体步骤。

表 4.7 针对运算法则实施流畅度操练的具体步骤

操作步骤	给教师的注释
1. 确定学生需要掌握哪个运算法则并操练以达到流畅。选择对学生日后在学校取得成功而言必要的技能、策略或过程来学习。对于那些了解了很好但是并非必要的技能，是不需要掌握到流畅的程度的	请记住流畅度的建立是一个长期的过程，在这一过程中要指导学生进行早期操练，有意识地设计常态的结构化操练以及在进入流畅度操练之前的独立操练。尽管学生经常会遇到在测试的时候有时间限制的情况，但流畅度并不是指速度本身。流畅度指的是具备无意识地执行特定技能、策略或过程的能力。“不加思考地完成任务”是对一个流畅过程的描述方式

（续表）

操作步骤	给教师的注释
2. 收集关于某项技能特定类型的基准数据	基准测试可以为零散的技能提供必要的信息，针对更加复杂的技能、策略或过程，你可能需要收集基准数据，使用一个标准以确定有多少学生处于哪个特定的熟练水平
3. 决定某些学生是否需要学习在低年级时从来没学过或操练至熟练的技能	在培养数学计算流畅度的过程中，这一步成了太多学生的拦路虎。在小学或中学教学中，广泛推进学校范围内的个位数乘法的流畅度培养是值得努力的
4. 支持学生设立目标，并监控他们自己的进程，鼓励他们一定要花时间去反思什么对他们有用，以及什么会阻碍他们的发展	提供标准、要点图和别的支持，以帮助学生掌握这些步骤
5. 有意地设计操练环节	在特定技能或过程的流畅性培养中，拔尖的学生需要的操练机会相对较少，从长远来看，操练环节“缺斤短两”以覆盖更多的材料会妨碍学生达到流畅
6. 在实施某个具体年级水平的要求时，细心地设计有望提升熟练程度的操练活动	教师和学生只有通过设定严格的、持续的、更高的期望，才能获取专家级的流畅度。这也就需要你对学生精确的学习水平有充分的了解

针对需要受控加工的过程实施操练

程序性的内容本质上要求学生能够获取关键的陈述性知识，对它充分加工以便了解它，然后继续学习如何以流畅的方式独立执行过程。要了解受控加工如何实现，请考虑如何使中学课程标准要求的下述技能达到流畅的程度：**分析**人物、事件或思想在文本过程中如何以及因何发展和互动（CCR Anchor Standard 2，CCSS）。本标准中所嵌入的程序化技能就是“**分析**”。学生应该执行以下任务之一：

◇分析一组复杂的想法如何在文本过程中发展和互动。

◇分析一系列有先后顺序的事件如何在文本过程中发展和互动。

◇分析不同人物如何在文本过程中发展和互动。

然而，在执行任何或所有这些过程之前，他们需要了解涉及**“分析”**过程的含义，他们也需要了解什么构成了事件的序列，以及如何追踪文本中的事件序列，还需要能够在阅读过程中识别思想、事件和人物。

在设计操练活动以通过这样的过程来构建流畅度之前，你需要做一些功课。在你实际准备好进行操练之前，表 4.8 将引导你完成以下步骤：确定关键内容并对其进行加工，让学生能够了解他们正在操练什么以及为什么这么做。假如给学生找出重要内容后就忙不迭地去操练，因为要覆盖太多内容不得不赶进度，那么这样做可能给你和学生都带来失败。

表 4.8 通过受控加工构建流畅度的操练样课模板

操作步骤	给教师的注释
第 1 部分：教授技能、策略或过程所需的概念性知识	
1. 为你的流畅度操练选定学习目标	本例的学习目标是：分析人物、事件或思想在文本过程中如何以及因何发展和互动
2. 选定你计划教学的关键内容	为了给操练过程打下坚实的理论基础，学生对关键内容需要了解和明白什么？
3. 确定你将如何降低内容加工的难度	学生需要参与并对关键内容的第一个模块进行加工
第 2 部分：操练环节开始之前需要做的	
1. 决定你将如何分解该过程	一个需要受控加工的过程本就更加复杂
2. 选择学生将要阅读的文本，并且针对他们读的内容进行书面回应	总的来说，读写过程是在文本内容阅读的过程中来执行的
3. 为了让学生能够记笔记，应为他们准备补充材料，如要点图或者笔记本	一个设计严谨的要点图应该使用便于学生理解的语言，能够帮助学生对他们在过程中的步骤进行追踪

（续表）

操作步骤	给教师的注释
第 3 部分：操练技能、策略或过程	
1. 确定你希望学生进行操练的步骤或部分	如果你从一个很小的步骤开始，让学生感受到成功，那么他们更容易成功地在操练过程中达到流畅
2. 针对该过程进行示范和展示	一旦学生已经对该过程的第一步有了基本的理解，教师则可以进入第二步：向他们展示如何执行那个模块。比如：如果教师在该过程中的第一模块是向学生展示如何分析事件的序列，则他已经告诉了学生“分析”的定义，并且他们也已经通过看着教师展示的正反案例对该词的意义进行了学习，另外他们也有机会和搭档进行了交流。现在是时候用一小段文本样例向他们展示如何分析事件序列，教师在口头朗读他将分析的文本之前，应先进行“出声思考”
3. 每个星期提供一到两次机会让学生分析一小段文本样例中的事件序列，并且撰写一个简单的反思	教师给学生提供一张图或表，学生可以记录下他们对作者如何呈现事件发展和互动的过程以及为什么这样呈现的分析过程
4. 当学生已经在分析作者对事件发展和互动的呈现方式和原因上达到了流畅，就可以开始进入对思想和人物的分析	在执行多步骤任务中达到流畅是需要操练的，你的挑战在于采用不同的文本提供频繁的机会让学生对该过程进行操练

常见错误

在刚开始实施流畅度操练的时候，教师最常见的错误如下：

◇教师未能识别培养流畅度的基础，即关键陈述性知识。

◇教师在学生自如掌握零散技能或步骤之前，就强调速度的重要性。

◇教师希望学生操练难度过大的程序性知识。

◇教师未能识别哪种类型的程序性知识值得优先进行流畅度操练。

◇教师未能在课堂上提供足够的机会进行流畅度操练。

◇教师未对学生流畅度的发展进行监控。

流畅度操练的正例和反例

以下这些正例和反例是教师们在小学和中学课堂上进行流畅度操练时出现的。在阅读时，想想正例中的教师采用的有效实施方法，并且密切关注反例中教师犯的错误。

针对受控加工的流畅度操练的小学正例

在这个小学正例中，学习目标是：复述故事，需要包括重点细节，并且阐述对中心思想或启发教训的理解（CCSS.ELA-Literacy.RL.1.2）。这个学习目标是一个需要受控加工的认读过程案例。

一年级的教师正在与学生一起针对复述故事进行流畅度构建，这个案例可分为两部分：（1）提供了一个样本模板，使你能够获得对课程步骤的全面了解；（2）提供了一个课堂情景，描述了对需要受控加工的某项技能进行流畅度操练的具体环节。

针对需要受控加工的过程进行流畅度操练的课程模板：一年级认读课

表 4.9 是一个样课模板，显示了针对需要受控加工的过程进行流畅度操练的具体步骤，第 1 部分列举了教授构建流畅度所需概念和词汇的步骤，第 2 部分描述了实际操练环节。

表 4.9 流畅度操练的样课模板：一年级认读课

操作步骤	给教师的注释
第 1 部分：教授技能、策略或过程所需的概念性知识	
1. 选定学习目标，并在操练的过程中实施密切监控	该案例中的学习目标是：复述故事，需要包括重点细节，并且阐述对中心思想或启发教训的理解（CCSS.ELA-Literacy.RL.1.2）
2. 确定教学的关键内容，学生在开始操练之前首先要掌握这些内容	学生需要能够理解在执行过程中所需要的词汇和概念：什么构成细节以及如何区分关键细节和不重要细节；怎样找出这个故事是否有中心思想或启发教训（如：一种寓意）
3. 确定学生对需要理解的关键内容的加工方法，以帮助其在操练技能之前打好坚实的基础	学生将以分模块的形式对关键内容进行加工，有时候他们需要复述已经被大声朗读过的故事，有时候需要找出他们在课外阅读辅导小组中阅读的故事中的细节。这样的加工可能需要几个星期的时间
第 2 部分：操练技能、策略或过程	
1. 确定你希望在操练环节中学生进行操练的任务	学生已经在学习目标的各个方面进行着操练，但是今天是他们第一次完整地操练整个过程
2. 对任务进行示范	案例中教师针对过程为学生示范，采用“出声思考”的方式展现她打算如何将复述故事的三个方面都融入到过程中去。她是针对学生之前读过的文本进行示范，以避免在学习这个过程的时候用一个全新的故事导致学生负担过重
3. 大声地向学生朗读一个熟悉的故事	教师不仅要针对一个熟悉的文本进行示范，而且她朗读的故事也应该是学生之前读过的
4. 让学生和搭档一起对过程进行操练的同时，你需要对操练过程进行观察，以确保所有的学生都在正确的轨道上	教师为学生提供一个要点图，以帮助他们记住过程中的每一步
5. 在适当的情况下，教师引导、提示并表扬学生	在接下来的几个星期里，学生将对这个过程进行多次操练，以求提高流畅度
6. 学生对他们的操练环节进行总结汇报	学生把他们记忆过程步骤的方式和他们在阅读或听教师朗读文本时如何集中注意力联系起来

实施流畅度操练的课堂情景：一年级认读课

在课堂情景中的操练环节之前，教师一直集中精力教授学生必须掌握的零散技能或步骤，比如：了解一个故事的事件通常是如何划分开头、中间和结尾；提取故事中的关键细节；确定故事的中心思想或者寓意等。她的学生能够成功流畅地运用每一种零散的技能，但她希望他们达到某种流畅度，以迁移运用到他们对文本进行独立阅读时或者在课堂上听读理解时。她意识到，让学生在面对该年级水平的文本时能达到这一标准所要求的掌握程度，对学生未来在学校以及学校以外获取成功而言至关重要，她致力于让学生对这一过程的掌握达到与年级水平相当的流畅程度。

她是这样向学生介绍流畅复述故事这一目标的：

> 同学们，在过去几个星期里，我们已经学过了怎样去复述一个故事。你们都已经知道，复述一个故事有三个要素：（1）一定要描述故事的开头、中间和结尾；（2）一定要提到关键细节；（3）一定要推断故事的中心思想或寓意。接下来的几个星期，我们的学习目标是：培养故事复述的流畅度。流畅度指的是你可以不费力并且快速地复述包括三个要素在内的故事。为了提高流畅度，我们需要每天在校操练两次复述故事，每天晚上回到家再操练一次。在开始阶段，我们会复述比较熟悉的故事，但是很快我们会复述每个我们一起在阅读课上读的、你自己读的、图书管理员或者我大声朗读给你们听的以及你的家人或者监护人在课后读给你听的故事。

实施这种类型的流畅度操练，对于这位教师来说，也是全新的体验。她呼吁家长或者监护人给予支持，为他们提供了一个模板和一些建议，以使学生操练复述带回家的特殊书包里简短的朗读故事。

这位教师采用她开发的复述标准，收集每个学生的基准数据。她与每个人分享数据，并以班级为单位，为提高复述故事的流畅度而设定一些目标。

她能够看到在复述的过程中，什么时候学生在某个或多个方面需要“迷你课堂”个别辅导，她还能够追踪学生如何运用她教过的每个零散技能使复述变得更加流畅。复述故事这个标准上流畅度操练的成功，激励她去设计针对其他标准的流畅度操练，这些标准可能是在形成性评价或总结性评价中都让学生觉得有难度的。

针对受控加工的流畅度操练的小学反例

反例中的教师也是针对同样的学习目标开展教学的，即复述故事，需要包括重点细节，并且阐述对中心思想或启示教训的理解（CCSS.ELA-Literacy.RL.1.2）。和正例中的教师差不多，这位一年级反例中的教师因为学生在获取复述故事流畅度的能力上受到了阻碍，她选择把课堂时间都投入到流畅度操练上，但是同时觉得想要在学年结束之前覆盖所有读本上的故事难度太大，所以决定寻求家长的支持，让学生把一系列的指令要求和一个故事包都带回家。然而，她忽略了培养流畅度最重要的两个方面——通过设定个人的流畅度目标来发动学生以及每周收集数据来弄清学生的复述流畅度是如何进步的。

针对自动化和精确度的流畅度操练的中学正例

流畅度操练的中学正例中的学习目标是：理解和计算分数除法，并解决涉及分数除法的应用题（CCSS.Math.Content.6.NS.A.1）。这个案例展示了一个中学教师应当如何针对某个数学算法构建流畅度，该运算法则为分数除法。该案例分为两个部分：（1）提供了一个样本模板，让你更容易地在之前教学的基础上安排流畅度操练；（2）提供了一个课堂情景，描述用于操练的具体教学环节。

流畅度操练的样课模板：六年级数学课

表 4.10 是一个样课模板，展示了针对一个运算法则的流畅度构建操练。

第 1 部分描述了学生在参与有效的流畅度构建操练之前需要学习的概念性知识。第 2 部分描述了教师在操练环节之前必须完成的步骤。第 3 部分描述了操练的流程。

表 4.10 流畅度操练的样课模板：六年级数学课

操作步骤	给教师的注释
第 1 部分：教授技能、策略或过程所需的概念性知识	
1. 选定学习目标，并在操练的过程中实施密切监控	本案例的学习目标为：理解和计算分数除法，并解决涉及分数除法的应用题（CCSS.Math.Content. 6.NS. A.1）
2. 确定教学的关键内容，学生在开始操练之前首先要掌握这些内容	学生需要大量的机会去构建分数除法的概念框架，包括把实物模型和符号表征联系起来的机会。学生需要从概念上理解一个除法问题是除法商数（测量）问题还是除法分拆（分享）问题
3. 确定学生对需要理解的关键内容的加工方法，以帮助其在操练技能之前打好坚实的基础	学生需要多次机会去使用应用题的样例来解释这两种类型的问题
4. 提供多种操练类型，以培养组成该运算法则的零散技能，包括实现对一位数乘法的流畅掌握	教师操练解决混合两种类型的应用题的同时，也要构建一位数乘法的流畅度
第 2 部分：操练环节开始之前需要做的	
1. 如果需要，设计一个分数除法的要点图	如果学生在技能的每一个步骤都依赖要点图，实际上会影响流畅度的构建
2. 决定多久进行一次操练	每堂课的前五分钟是数学热身环节，也就是操练环节应该展开的时候
3. 设置多套操练的问题	教师决定每套题目中应该包含多少个问题，以及学生应该用多长时间来完成这些问题
4. 设计一个学生进度表	表 4.11 是一个学生进度表模板

（续表）

操作步骤	给教师的注释
第 3 部分：操练技能、策略或过程	
1. 确定你希望在流畅度构建操练环节中让学生操练的任务	精确、自动地解决包含分数除法的运算以及应用题
2. 将套题面朝下放在学生桌上	学生写下他们希望在操练环节解决的问题数量
3. 教师让学生开始操练，与此同时，她进行观察，确保每个学生都在正确地操练	教师鼓励学生通过画图或者想象物理模型的方式解决应用题
4. 教师提供问题的正确答案，学生自行批改	学生发现这些操练测试中的问题没有接下来教师在教学方法变式操练（本书的教学方法 5）中的那么有挑战性
5. 学生将自己的成绩填入进度表	表 4.11 是一个学生进度表模板

实施流畅度操练的课堂情景：六年级数学课

在六年级的案例中，教师给学生提供了许多机会操练分数除法，尽管他布置了更复杂和更具挑战性的问题作为家庭作业，就像教学方法 5 中的变式操练一样，然而流畅度操练的目的是增强耐力、持久度和加快速度。他在较早的单元教授了这项技能，不过学生一直用各种问题每周至少进行一次或两次操练，包括应用题，以构建流畅度。在分数除法的单元中，教师教学生分数除法的步骤，并确保他们提前获取了开展成功操练所需的数学概念和词汇。每天开始上课时，学生参加五分钟的数学热身练习，使用之前单元学习的技能和策略解决问题。通过这个过程提高流畅度对于学生未来在更高水平的数学课程中取得成功至关重要。

教师把套题面朝下放在书桌上，学生首先要写下在热身环节想要解决的问题数量，这个数字是基于以前的操练环节达到的最高数量而得来的。一旦计时器开始计时，学生单独解决尽可能多的问题。然后教师公布答案，学生自查问题，并在进度表上标注自己的成绩。表 4.11 是学生使用的进度表模板。教师要求学生简要反思他们的操练过程，一位学生分享道："当我遇到一个真正具有挑战性的问题时，可以帮我回忆以前解决的类似问题。'有一半的披萨被分成六份'的问题与我们之前在课堂上遇到的饼干问题相似。在饼干的那个问题上，我画了三分之一的饼干被分成四份的图片。所以我画了半张披萨的图片，然后思考了一半中有多少个六分之一。当我联系以前的问题时，这样的方法真的有助于我快速解决问题。这就是为什么我能够在五分钟内比以前解决更多的问题。"

表 4.11 学生进度表模板

进度测量	操练环节				
	1	2	3	4	5
我想要解决的问题数量					
我正确解决的问题数量					

改编自 Marzano（2007）。

流畅度操练的中学反例

反例中的教师专注于相同的学习目标：理解和计算分数除法，并解决涉及分数除法的应用题（CCSS.Math.Content.6.NS.A.1）。她希望学生每天晚上都在家进行流畅度操练，但却没有设计出一个包括父母和学生在内的问责制。她既没有为学生提供一张可带回家的要点图，学生手里也没有他们的老师（或另一位数学老师）对运算法则作示范的视频。学生在开始上课时上交作业，但是教师并没有花时间去浏览他们作业的完成情况。学生不会跟踪他们自己的进度，或者反思他们如何在解决问题方面提升了速度。许多学生要么不上交家庭作业，要么把作业拿给不懂或根本没做的学生抄袭。

确定学生是否在某个技能、策略或过程上提高了流畅度

只有通过对学生进度的监控，你才可以确定学生是否已经能够流畅地执行技能、策略或过程。可以通过以下几种方法确定学生是否在朝着预期目标稳步前进：

◇当学生对操练问题、练习作出反应，并运用迷你答题板对答案进行构建的时候，浏览他们的作业并根据需要弄清楚他们是否能在面对同样的操练任务时取得持续的成功。

◇让学生操练技能、策略或过程，并请他们就操练如何帮助提高流畅度写下一句话。

◇让学生描述操练活动如何影响或者深化他们的理解。

◇从自动化、精确度和受控加工的层面上评价学生的反应。

使用表 4.12 中的学生熟练程度量规来确定你为学生提供各种类型的流畅度操练时，他们朝着预期结果前进的进展如何。

表 4.12　使用流畅度操练对技能、策略与过程进行操练的学生熟练程度量规

新手入门	基本掌握	预期达标
学生机械地运用技能、策略或过程中的步骤	学生轻松且流畅地运用技能、策略或过程中的步骤	学生通过自动或受控的加工运用技能、策略或过程中的步骤
学生意识到他们的操练是为了提高流畅度	学生意识到他们的流畅度在提高	学生能够解释他们在提高运用技能、策略或过程的流畅性时，他们的思维是如何随着时间改变的
学生为流畅度操练设定了恰当的目标	学生为流畅度操练设定恰当的目标，并且记录自身在精确度或自动化上的进步	学生为流畅度操练设定恰当的目标，并且记录随着时间推移自身在精确度或自动化上的进步
学生相信他们有能力去尝试技能、策略或过程	学生有信心完成技能、策略或过程中的某些部分	学生充分相信自己具备运用技能、策略或过程的能力

➔ 开展支架教学和拓展教学满足学生的需求

毋庸置疑，你在和学生互动时一定会遇到各种挑战，有些学生在针对某个技能或过程培养流畅度的过程中需要额外的帮助；相反，有些学生可能已经达到了你的年级教学水平要求的流畅程度，那他们则需要拓展的学习机会。

支架教学

◇将技能或者过程分解成较小的模块，便于学生能够对每个模块进行分开操练，再把所有模块整合在一起形成一个流畅的技能、策略或过程。

◇帮助学生设计一个清单或者一系列的小目标，以帮助他们在持续提高流畅度时感受到成功的喜悦。

◇结合网上视频、清晰的口头阐述以及图表来说明一个技能、策略或过程，鼓励学生跟着视频学习，在操练特别有挑战的步骤时，可以随时开始和暂停。

拓展教学

◇让学生描述技能、策略或过程的每个步骤，以及每个步骤是怎样引导他们达到当前的流畅程度的。

◇让学生描述在他们进行自动或受控加工的过程中对他们促进作用最大的方法。

◇让学生开发教程或制作视频来把他们的方法分享给更多的学生。

教学方法 5　变式操练

变式操练包括在不同情况下使用的新学到的程序性知识。在以前的操练经历中，任务和问题对于学生来说可能更具可预测性，直到现在，你一直在指导和监督那样的操练或者致力于构建流畅度。然而，在某些时候，只有你能确定学生是否以及何时已经上了一个台阶，那么继续同种类型的操练就是浪费时间。学生可以在练习册上写下答案的时候，思维已经飘向别处。这种操练没有引起学生的注意，也就导致他们没有机会提高和打磨他们的程序性知识。变式操练是独立的。在变式操练的过程中，学生会遭遇完全不同格式或背景下的任务或问题的考验，这都是在以前的操练环节从来没遇到过的，他们需要在没有你的监督或者直接帮助的情况下完成任务。

在为学生设计变式操练的机会时，你也可能会面临挑战。典型的教科书和课程指南通常侧重于与所授内容相同或非常相似的操练。然而，为了达到应对更具挑战性的标准所提出的严格要求，变式操练必须将学生的概念性理解力、执行程序性技能的流畅度以及将以各种不同的方式对陈述性和程序性知识加以应用的能力三者融合起来。

一个简单的例子可以说明变式操练的本质。当学生已经学习了如何以一种方式解决数学问题时，典型的操练往往由可以用学过的方法解决的问题构成。假如学习内容是数学，学习目标是图式。如果学生练习了 ABABAB 图式，那么当他们遇到 XOXOXO 图式时，他们就不知道该怎么做。在变式操练中，教师将呈现各种对象模式，使学生可以将识别两个对象模式的技能应用于任意两个对象。变式操练为学生提供机会的同时，也让他们面临将具体技能或策略应用于一个独特或更复杂的任务的挑战。毫无疑问，即使不是大多数，也有很多学生在遇到和他们之前操练过的不一样的任务或问题时，或多或少会感到沮丧。但是只有当学生能够面对变式操练的挑战时，他们才有可能实现精准。

如何有效地实施变式操练

有效地实施变式操练需要创造颇具挑战性的任务和问题。通过这些任务和问题，学生可以操练关键内容，并且确保他们在面对和征服这些挑战的过程中感受成功。想要有效地实施变式操练，不仅要让学生达到操练活动的精准，也需要你自己对内容有更深的理解以设计任务。表 5.1 的第 1 部分阐述了在变式操练之前的步骤，第 2 部分则是实际的操练环节。

表 5.1　有效地实施变式操练的样课模板

操作步骤	给教师的注释
第 1 部分：教授技能、策略或过程所需的概念性知识	
1. 确定你希望学生完全地、精准地掌握的学习目标	一旦你确定了学习目标，就可以开始设计和收集变式操练的样例，学生应该能够加以应用并且拓展他们之前对这个目标的理解
2. 教学并确认学生对形成关键内容的基础的重要概念和想法进行加工	在学生努力朝着目标快速前进的时候，尽量让他们避免走捷径绕开概念性知识习得的诱惑
3. 设计操练，并密切监控以确保学生在正确地操练技能、策略或过程	因此学生将会在技能、策略或过程上有一个良好的开端，为他们示范或提供样例，这样他们可以在操练技能、策略或过程中自我调节和反思
4. 一旦你启动了对学生的操练，就要提供常态的结构化操练以巩固技能、策略或过程	教学方法 3 在如何使用常态的结构化操练上提供了建议
5. 根据学生的进程和掌握度进行推进，开始就技能、策略或过程培养流畅度	教学方法 4 就如何培养流畅度提供了建议

（续表）

操作步骤	给教师的注释
6. 当进行了流畅度操练，就可以开始让学生为变式操练做好准备。右边那列是说明性的内容，因为很多表述实质上都是相似的。然而，准备好进行变式操练的实质在于概念理解和在执行程序性知识时流畅度的提高	当学生可以成功地执行一个或更多方面的下述关键内容时，说明他们已经准备好过渡到需要更独立并且需要自主管理方法的操练活动： ◇复述或总结技能、策略或过程的关键或必要元素 ◇描述怎么或者为什么使用技能、策略或过程 ◇描述技能、策略或过程的重点部分 ◇描述技能、策略或过程中部分或步骤之间的关系 ◇阐述什么时候应该运用技能、策略或过程 ◇执行技能、策略或过程的某些部分
第 2 部分：以多种方式操练技能或过程	
1. 选择你指定给学生的技能、策略或过程	关于数学最常见的变式操练类型包括应用题的设计，这需要具备对技能、策略或过程有独特的应用能力
2. 决定学生将如何操练：独立操练或是某种程度上的小组合作 当有的学生已经投入到独立的变式操练时，你就有一段时间为那些没有准备好开始变式操练的学生提供其他类型的操练	为了让学生都参与到变式操练中，可以采用不同的方式把他们进行分组或配对，如果学生能够一起朝着目标合作学习，你就能更容易地应对这种类型的挑战
3. 决定你将如何检测学生的进度	在你没有帮助某些小组学习时，你应该在教室里走一走，看看学生在做什么；或者你可以把每组搭档的作业收上来

常见错误

下面是刚开始实施变式操练时，教师容易犯的常见错误：

◇教师未对学生进行评估，未确定他们是否准备好开始变式操练。

◇教师未将操练活动的精准性同学习目标或者他提出的标准的认知复杂性相匹配。

◇教师未能设计出更深入的内容的操练。

◇教师未将程序性知识的应用和学生当前的技能水平相匹配。

◇在进入下一个学习目标之前，教师未能敦促学生进行不止一个变式操练环节。

运用变式操练的正例和反例

在课堂上有效运用变式操练需要教师知道学生是否准备好，能够从密切监控和常态的结构化操练进入更加复杂、要求也更严格的变式操练活动。以下这些正例和反例是在小学和中学课堂上实施变式操练过程中出现的。

小学教学中变式操练的正例

该案例展示了在小学三年级课堂上教师是如何运用变式操练的。该案例分为两部分：（1）提供了一个样本模板，让你能够了解整堂课的流程；（2）提供了一个课堂情景，对教学的具体环节进行描述。

实施变式操练的样课模板：三年级数学课

表 5.2 是一个样课模板，展示了在三年级数学课上的变式操练。

表 5.2 实施变式操练的样课模板：三年级数学课

操作步骤	给教师的注释
1. 选定需要变式操练机会的学习目标	这个案例中的学习目标是：使用 100 以内的乘除法去解决涉及等组、数列和测量的应用题，例如：运用画图、方程式以及代表未知数字的符号来展示题目（3.OA.A.3.CCSS Mathematics）
2. 描述你将布置给学生的变式操练任务	采用三个或三个以上数字相乘的题目来解决应用题。例如：布拉德学校的学生通过推销杂志订阅赚钱去考察旅行。十个学生每人卖了 6 份杂志，每份杂志可获 5 美元，这些学生赚了多少钱？用一个符号表示未知数字，写下一个方程式
3. 确定你计划的学生分组方式	学生将和搭档一起完成任务
4. 决定你将如何监控学生的进度	在第一次进行变式操练的过程中，教师应该花时间在教室里走动，并且听听学生之间的对话。教师可以和他们一起解决问题，但是不能直接回答问题，而是提示和鼓励学生最终靠自己通过挑战
5. 把学生在变式操练中的进展记录下来	当学生开始适应变式操练的挑战时，应该培养他们的忍耐力，以及对于自己解决难度较大问题的自信，你可以逐渐提高操练活动的难度水平
6. 和学生一起总结操练环节，包括成功、挫败以及如何将在之前学习中获得的新领悟应用到新任务中去	确定技能的哪些部分需要教师再教一遍关键的概念性知识，以提高学生在变式操练中成功的概率

实施变式操练的课堂情景：三年级数学课

这个案例中的教师已经和她的学生一起学习了几个星期，他们的学习目标是跟运算和代数思维相关的。学生已经能够熟练地掌握一位数乘法和除法，能够展示和解决涉及乘法和除法的问题。她相信学生已经准备好去解决涉及以下内容的混合应用题：（1）三个或三个以上数字相乘；（2）缺失因素；（3）除法应用题。学生和搭档一起解决一套包含六个问题的题集。她是这样介绍这个操练环节的：

同学们，今天你们将要解决六个极具挑战性的数学问题，但是好消息是你们可以和搭档一起解决。你们已经学习了解决这些问题需要的所有数学技能，但是你们将要面临的挑战是：这些问题都是所谓的“**现实世界的问题**”，有的老师也叫它们“**应用题**”。你们需要把过去几周在数学课上学到的所有东西都应用到解决这些问题里。如果你遇到了困难，想象你和小伙伴儿在荒岛上，而你们想要离开这个荒岛就必须找到这些问题的正确答案。

教师检查了搭档合作完成的作业，并将变式操练表分发下去。当学生在解决问题的时候，她在教室里走动，倾听学生之间的对话，她提醒他们标注出答案并检查自己的学习。学生在操练题组中做得越来越好，教师也已经想好她在第二天的课一开始的时候计划使用的变式操练任务。

小学教学中变式操练的反例

反例中的教师设计了一个操练表，大致上和正例中教师的变式操练任务相似。然而他在学生第一次尝试的时候选择了一个不一样的方式，他没有将学生分组或配对，而是把这个任务作为一个独立完成的家庭作业。这样的话，教师自然不可能在学生遭遇早期挫败时，提示或者鼓励他们，而且他的电子邮箱会装满家长们的邮件，他们因为孩子带回家如此难的任务而感到不安。

中学教学中变式操练的正例

该案例展示一位中学五至八年级的数学教师是如何同他的五年级学生运用变式操练的。该案例分为两部分：（1）提供了一个样本模板，让你能够了解整堂课的流程；（2）对模板中样课的一个课堂情景进行描述。

实施变式操练的样课模板：五年级数学课

表 5.3 实施变式操练的样课模板：五年级数学课

操作步骤	给教师的注释
1. 选定需要变式操练机会的学习目标	这个案例中的学习目标是：应用和延伸学生之前对乘法和除法的理解
2. 解释变式操练的活动。在右列的标准中提供了变式操练的内容，其学习目标在认知上较为复杂，从而需要学生应用和拓展这一内容	学生会发现：当一个边长为分数的矩形可以被长度为适当的单位分数的一些小矩形所覆盖时，求这个矩形的面积，等价于求这些小矩形的面积。这就等于可以把分数乘积等价成求矩形的面积（CCSS.Math.Content.5.NF.B.4b） 或者学生能够解决涉及单位分数被一个非零的整数相除以及一个整数被单位分数相除的“现实世界的问题”，运用直观的分数模型和方程式来呈现这个问题（CCSS.Math.Content.5.NF.B7c）
3. 确定你计划的学生分组方式	学生将和搭档一起完成任务
4. 决定你将如何监控学生的进度	教师花时间在教室里走动，聆听学生的讨论并且浏览学生的练习册
5. 把学生在变式操练中的进展记录下来	教师将她的笔记记录在剪贴板或者成绩册上
6. 把变式操练中的成功和遭遇的挑战记录下来	教师将需要向学生提出的问题列成表
7. 和学生一起总结操练环节，包括成功、挫败以及如何将在之前学习中获得的新领悟应用到新任务中去	教师确定学生是否需要针对某些重点概念再次教学

实施变式操练的课堂情景：五年级数学课

这个实施变式操练的案例发生在中学数学课堂上，该操练设计的初衷是应用并且拓展之前对乘法和除法的理解。这位教师已经花了很多时间在数学概念上，并且尝试引领学生理解数学而不是只记住一系列解决问题所需的步骤。大多数学生对个位数乘法的运用已经达到流畅的程度，是时候对关键内容进行更高要求的应用了。他希望牢固掌握概念和流畅运用程序能够帮助学生解决第一次变式操练环节中的问题。他是这样介绍这个操练环节的：

> 早上好，同学们，今天对于我来说很像是一次试验。（听他这么说，他班上的同学都坐得更直了一点。）你们可能没有意识到，但是我今年教这个单元的方式和以前有点不一样，而今天我将验证这么做是不是一个好主意。你们给我的针对这套操练问题的答案将证明我的新方式是正确的或是会让我质疑我的决定。但好消息是，你们是我教过的最聪明的班级。你们对数学概念的理解更加深入，并且在解决问题时比我以前教过的任何班级都快。然而，问题是，你们能够把知识应用到一些具有挑战性的问题上吗？你们不用独自完成任务，可以和搭档一起解决问题。我不会像别的操练环节时一样站在你身边，从你的肩膀看过去。我想看看你们可以多独立，在面对困难时你们可以做到多好。你们需要锲而不舍的精神才能解决这些问题。

介绍完毕后，教师将学生配对并发放练习题，同时提醒他们不要三秒钟解决不了问题就放弃。学生开始操作的方式给教师留下了深刻的印象，当他在教室里走动去检查每对搭档的进度时，他又深感欣慰。他开始相信自己的试验是成功的，并且迫不及待地想把这一切与数学教研团队一起分享。

中学教学中变式操练的反例

反例中的教师采用了不同于隔壁房间的教师的方式以求达到教学目标，她仅仅专注于发展个位数乘法和除法的自动化，用机械的步骤对运算法则进行操练。她感到时间过于紧迫，无法花时间构建概念性认识，但是并没有真的考虑这样做学生是否错过了很多。单纯为了增添趣味，她选择了正例中的男同事发放给他的学生的变式操练题，虽然这些问题看起来有点儿难度，她依然决定分发给学生。学生在这些测试中苦苦挣扎，最终班上超过四分之三的学生甚至没能解决一半的问题。

确定学生是否能熟练应对变式操练

在你提供给学生的变式操练环节中，只有不断地对他们的进度进行监控，才能了解他们是否已经达到了预期的熟练程度。使用以下建议，并确立一系列你自己的监控该方法的方式：

◇在教室中走动，在学生和搭档讨论技能、策略或过程的时候，保持聆听以确保他们能够克服挑战和障碍。

◇让学生总结他们在变式操练环节中获得的领悟，以此作为该环节的出场券。

◇采用不同类型的技术让学生将答案写下来或者录下来，以供你以后下载，作为操练环节的形成性评价。

◇让学生在操练技能、策略或过程的时候，对自己进行监控并且发现自身优势和缺陷，并运用所获取信息去监控他们的进度。

表 5.4 中的学生熟练程度量规可以用来确定学生朝着预期结果前进的进展如何。

表 5.4　使用变式操练对技能、策略和过程进行操练的学生熟练程度量规

新手入门	基本掌握	预期达标
学生试图克服挑战和障碍	学生克服挑战和障碍	学生很轻松地克服挑战和障碍
学生能够在教师讲授过的情境中使用新获取的程序性知识	学生能够在不同的情况下使用新获取的程序性知识	学生能够在不同的情况下流畅地使用新获取的程序性知识
学生能够确认在什么时候他们应该使用技能、策略或过程	学生能够阐述他们使用技能、策略或过程的原因	学生能够描述需要使用技能、策略或过程的特定情况

开展支架教学和拓展教学满足学生的需求

当有些学生已经迫不及待地想要接受更加复杂的挑战时，变式操练却让有的学生感到极大的困难。为了满足两类不同学生的需求，你需要调整教学安排。以下是发展支架教学和拓展教学的方式，用以满足不同学生群体的需求。

支架教学

◇在针对数学问题进行变式操练的过程中，花更多的时间在实际操作教具上。

◇为学生提供要点图，以帮助他们顺利通过更加困难的认读过程。

◇把任务分解成更易操作的小模块，以避免给学生的工作记忆增加太多负担。

◇在变式操练的过程中，提出较少的问题。

◇让学生去阅读和写作时，提供更简单的阅读材料。

拓展教学

◇增加问题的数量或者阅读文本的长度，让学生在使用程序性知识的时候提高他们的耐力。

◇提供需要程序性知识的新情况，调整背景以让学生了解这一知识并非只能单独运用于某一个学科领域或者文本类型。让学生分析这个情况以及解释如何运用这一程序性知识。

◇一旦学生适应了这个技能或者策略的基础原则，就应该在程序性知识上再增加新的难度。例如，向学生展示如何反向进行数学运算。如果学生能够用借十法完成减法运算，则他们应该明白位值的意义。让学生用加法运算检查他们的答案。

◇对成功执行某个过程所需的两个或两个以上技能进行操练。当学习一个过程的时候，比如编辑，他们需要学习字母大写及标点规则，并在指导性操练时对以上两个规则分别进行操练。当学生领会了这些规则（陈述性知识），并且根据各惯例成功地分别进行编辑时，给学生布置需要结合两个技能完成的任务，他们需要评估准则或清单来进行自我监控。在每个操练环节结束的时候，让学生就该策略分享其获得的新认识。

◇学生使用目标程序性知识变得更加流利时，就可以让他们创造自己的问题并且展示如何使用策略。在不改变操作的情况下，让他们改变情境或者可变因素。为学生提供索引卡，让他们在正面写下新的问题，在反面记录解题过程，回收这些卡片，从中选择一些问题让全班一起复习。

◇鼓励学生使用一些应用软件，如 Educreations（可在 www.educreations.com 下载），用以创建课程让别的学生可以当作辅导材料使用。对于英语语言文学课，让学生创建播客（podcasts）或视频播客（vodcasts），在其中可以展示他们是如何创造性地使用程序性知识的。

教学方法 6　考前操练

不管学生是参加单元测验还是标准化测试，他们都会从精心策划的练习环节中受益。为总结性测试安排练习之前，收集形成性数据来确定需要对哪些学习目标进行最集中的练习。把最需要注意的技能、策略与过程列为一套重点清单。一个富有成效的练习计划要分配好时间，进行有意义的操练，与每位学生当前的掌握程度相匹配。一些学生需要额外的练习来加深他们对于顺利执行技能、策略与过程所必需的陈述性知识的理解，而另一些学生则需要练习来帮助克服考试焦虑。操练环节十分依赖于学生当前表现的好坏，制定一个将练习时间最大化的实施方案，并为每个学生提供正确的练习，这是至关重要的。

如何有效地实施考前操练

测试前安排操练环节有两种思路：（1）在整个学年期间安排持续的对于重要内容的操练；（2）在实施测试前的一小段时间（大约一个月）安排重要内容的操练。

在整个学年期间持续安排重要内容的操练

任何类型的表演都需要排练。乐队、管弦乐团、运动队、演讲和辩论队等，他们都为了季末或年末的演出在整个学年期间拼命地练习。他们不会等到登场前的一个月再开始。秋季开学的时候，他们就开始有规律地演练，有的情况下天天练习。如果你和你的同伴意识到你们在春季准备考试时会疲于应付，那就提前计划好，全年操练关键内容。

表 6.1 展示了组织你的班级——甚至是全校——为即将到来的总结性测试做练习准备的一种方案的步骤。在学年开始时，根据下述步骤来确定学生在学年期间需要预先练习的内容，或者根据这个方案安排短期练习环节，给需要的学生最后推一把力。

表 6.1 有效地组织考前操练的计划模板

操作步骤	给教师的注释
1. 检查将要测试的等级水平或科目标准	找出那些最难掌握的标准。你可能需要为那些对于大学和职业准备最为关键的标准分配更多的练习时间
2. 根据学生数据创建针对特定标准的练习小组	思考需要何种操练——常态的结构化操练、变式操练或者流畅度操练。决定如何对学生进行分组。同质分组利于差异化或者个性化学习。异质合作分组能在使得较熟练的学生加深理解的同时，也帮助不太熟练的学生
3. 让学生明确并致力于个人学习目标	让学生反思他们的掌握水平，以及思考他们如何提高自身熟练程度
4. 创建一个日历，列出操练时间表，确保学生在测试前有足够的时间来复习和操练技能、策略与过程	你可以每天或每周固定一定量的测试操练时间。可考虑在每周或一个单元期间指定一天来操练已掌握的技能、策略或过程。这种操练可以提高流畅度
5. 确定与学习目标相匹配的操练活动	操练应该包括课堂活动和家庭作业。操练环节要为学生提供多样化的资源。许多学生需要多样化的操练，这样的操练要求学生随时间推移在不同的情境下运用知识，以使学生在测试情境流畅地回忆和运用这些知识
6. 为学生提供一个在操练期间跟踪自身进展的方法	如果学生能看到他们的流畅度有提升的趋势，那么他们将更有动力持之以恒

常见错误

注意以下这些常见的错误，在学生面临一场十分重要的标准化测试之前，这些错误可能很轻易地破坏教师安排的操练计划：

◇教师过于关注“考试”，而不是培养学生在关键技能、策略与过程上的流畅度。

◇教师安排了太多的密集训练，涉及过多的技能、策略或过程，使得学生疲于应付。

◇教师未能明确并与学生沟通相关标准或学习目标。

◇教师给了学生太多的考试策略，而非提供多样化的操练机会以深化学生对重要内容的理解。

◇教师未能针对每个标准向学生提供具有复杂认知特征的学习机会。

◇教师未能鼓励学生为考试设定目标。

考前操练的正例和反例

下面是两个实施考前操练的正例（一个小学、一个中学）以及它们的反例。将这些例子与你自己的经历进行比较，思考共同的错误。注意正例中的教师如何策略性地避开了这些错误，而反例中的教师如何错失了机会，没能实施富有成效的操练活动。

小学考前短期操练的正例

案例中的教师正在帮助她的五年级学生准备总结性数学测试。表 6.2 显示了她在测试前的 20 个教学日中指定学生强化操练的标准。

表 6.2 考前操练的五年级数学标准

◇加减异分母分数（包括带分数）。把给出的分数用等值分数替换，计算后得出等值的同分母分数和或差（CCSS.Math.Content.5.NFA.1）
◇解决相同“单位一”的分数加减法应用题，包括异分母情形（CCSS.Math.Content.5.NF.A.2）
◇在数值表达式中使用圆括号、方括号和大括号，并使用包含这些符号的求值表达式（CCSS.Math.Content.5.OA.A.1）
◇书写表示数字运算的简单表达式，解释数值表达式但无须求值（CCSS. Math.Content.5.OA.A.2）

首先，教师和每位学生交流，考察他们的优势和有待提升的方面。学生设定目标，并确定他们在独立练习中要参加的数学工作站。教师针对学生所有基准评估低于 60% 的方面提供基于标准的练习指导。

考试倒计时期间的每一天，学生首先与伙伴一起完成为时十分钟的数学复习。教师提供给学生一个问题和一支铅笔。学生必须讨论这个问题，并分享这支铅笔来创作一个解决该问题的图示。因为问题达到了每个标准中严格要求的水平，所以这样的练习对于学生来说意味着一些挑战。

随后是一段五分钟的课程重点讲解。内容涉及二至四个标准，多数学生近几年在这些标准上的成绩未达到掌握水平，并且当前学年也还在这些标准上挣扎。教师示范自己的思路，并参考自己在本年早些时候创建的包含成功执行程序性知识所需的陈述性知识的要点图。通过向学生提出多层次的问题，要求学生提出解决问题的建议，并为支持这些建议阐释理由，教师让学生都参与进来。

重点讲解结束后，学生在工作站学习，或者与教师一起组成小组。因为这个环节的目标之一是增强学生解决数学问题的毅力，所以练习时间至少需要三十到四十五分钟。学生们需要在完成一个活动之后才能继续前往另一个练习活动或工作站，让他们对练习尽心尽力。教师宣布时间结束时，班级集合到一起，回顾和汇报他们的练习情况。学生必须要能够详细说明他们的练习如何帮助他们更好地解决问题。还要说明他们在这一过程中面临过的挑战，以及他们应对这些挑战的策略。

在考试前一个月的四个周五，学生每次接受为时二十分钟的评估。教师使用图表跟踪他们的进展情况，记录下学生尝试解决的问题数量以及正确解决的数量。学生为下一次评估设定目标，并写下他们关于如何改进的思考。教师审阅学生写下的关于如何改进的反思意见，并将这些内容发送给学生家长审阅和签字。

小学考前短期操练的反例

反例的班级也将在一个月后参加州里的数学考试。教师已经准备了课程计划，其中包括使用一本学生备考专用的数学练习册进行练习。每一天，学生需要完成练习册当中的三页。学生与教师一同完成第一页的内容，由教师向学生示范如何解决问题，学生遵照学习。学生与搭档一起完成第二页，然后将第三页带回家作为家庭作业。教师希望家长们能意识到学生在实际测试中将面临的难题。该数学练习册涵盖所有的数学标准，所以不管学生是否真正需要，所有的标准都得到同样的练习。

教师把备考练习的设计工作交给了出版社。他没有通过检视学生学习数据来确定哪些标准需要关注，没有高效地利用时间专注于最需要操练的方面。还有一点，给没有准备好独立练习的学生布置作业，会让学生和家长都感到沮丧。期望父母拥有讲授或强化数学概念和解决问题技能所需要的概念性或程序性知识是不现实的。

中学考前长期操练的正例

该中学案例中的学习目标是：（1）独立和熟练地阅读和理解复杂的文学和信息文本（CCR Anchor Standard 10 for Reading）；（2）定期写作，每次写作需涉及一系列的任务、目标和读者（CCR Anchor Standard 10 for Writing）。

学年伊始，十年级组的教师聚在一起，审阅学生上一学年春季末所参加的州里的考试成绩。成绩是令人失望的：事实证明新的一套标准更难于掌握。英语教师建议九年级组团队（英语、社会研究、科学和数学）对她称之为**“素养演练”**（literacy rehearsal）的计划通力合作。她解释说，素养演练不同于诸如持续默读这样的活动，学生不是只阅读自己选择的书籍。为了完成素养演练，学生阅读的书籍和文章必须与各个学科的内容相联系，在这个素养培养的过程中，学生需要做好写作准备，以回应他们所阅读的内容。

这位英语教师接着解释说，她的素养演练与 CCR 的两个锚定标准有密切联系。阅读锚定标准 10 要求提供持续的阅读机会，让学生从教科书内容、文学信息文本（文学非小说）和叙事文本（小说）等信息说明文本中学习。素养演练需要集中注意力并付诸努力。它包括对一个文本的阅读和深度思考，以确定作者某个观点的论证是否有效，以及论据是否贴切和充分。它还要求仔细、认真、用心地阅读文本。既然学生们都需要提升读写的流畅度及持久程度以满足考试的要求，这名英语教师关于在所有部门和团队中组织持续的阅读和写作演练的建议就非常具有说服力。

教师团队进行了头脑风暴，就如何在四个不同的学科之间组织这种持续的练习活动各抒己见，与此同时，他们也明确了一些方法来把这样的练习活动安排得对教师或者学生来说都是持续的，而又不会过于繁重。教师们一致同意，所有学生都必须阅读特定于每一门学科的书籍或文章，而且所有的文本都将是非小说类的，因为这是新学年里在全校范围内强调的内容。教师们同意每周安排一天的时间，团队里所有学生进行一段时间的阅读，并以书面形式对他们所读到的内容作出回应。第 1 周，英语教师将以文学非小说类文本进行一次全天的素养演练讲授。第 2 周，数学教师将对他的所有班级学生进行一次全天的素养演练授课，并让学生阅读关于数学主题的文章或图书章节。第 3 周将是自然科学教师的授课。第 4 周则由社会研究教师开展。教师们制定了一份方案清单帮助学生以书面方式回应他们所读的内容，包括从数个合适的提示当中选择一个来构建回应。第一个月结束的时候，学生们会完成一个简短的测评，内容是阅读一篇文章，然后写一篇短文作为回应。教师团队已开发出一套规则以评估这些回应。第二个月，每位教师都将给更大的小组进行团队教学，而学生们将会参与到针对不同策略的授课小组。教师们一致同意在第二个月结束时评估他们的教学安排，并调解任何尚存在的问题。

中学教学考前长期操练的反例

反例中的教师正在帮助她的学生准备总结性测试，在测试中学生需要阅读文章和演讲，然后根据要求确定作者的观点立场，并指出作者是如何支撑其观点的。教师给了学生大量的关于说服方法和说理类别的笔记。然而，学生几乎没有机会真正地阅读和处理各式各样的文章和演讲并对他们所读的内容书写回应。考试前一天，教师分发给学生一份考试复习表，内容包括术语词汇、定义以及在各种历史文献中节选的两三行长的段落。学生与同伴一起复习，拿他们的笔记与术语定义和例子进行比对。关于家庭作业，教师给了学生们一篇阅读文章，并提出 10 个待回答的问题，教师认为这些将会出现在考试中。在这个反例的课堂上，学生的大部分练习时间都用到复习和理解陈述性知识当中。家庭作业提供了一些操练程序性知识的要素，但缺乏教师的密切监督，并缺乏多样化的文本。讲课、提供笔记以及发一份针对学习目标或学习内容的考试复习材料，这些是不够的。学生必须在一定的过程中得到大量的机会来建构理解，并利用程序性知识将自己发展为流畅的、具有批判性的阅读者和书写者。

确定学生是否通过操练提高了考试表现

从学生的考试表现中获取反馈是你可以确定考试前练习是否有益的一种方法。在提供练习环节之后，你可以使用以下方法监控学生是否已准备好应对总结性测试：

◇学生可以叙述或总结某项技能、策略或过程的关键或根本要素。

◇学生能够描述怎样、为何以及何时使用一项特定的技能、策略或过程。

◇学生可以描述一项技能、策略或过程的构成环节或步骤之间的关系。

◇学生能够执行这项技能、策略或过程的构成环节。

◇学生能够独立应对不同类型的练习。

表 6.3 所示的学生考前操练的熟练程度量规可以帮助你评估学生在预期结果方向上的进展。使用这个量规来帮助你监控学生的熟练程度。

表 6.3 学生考前操练的熟练程度量规

新手入门	基本掌握	预期达标
学生清楚他们正在操练的知识或技能	学生在操练中根据其对于标准的掌握情况明确并致力于个人学习目标，并跟踪在目标方向上的进展	学生陈述操练环节是如何与其学习目标相一致的，以及操练环节如何帮助其针对学习目标取得进步
学生在操练过程中运用程序性知识	操练过程中，学生在各类情境下运用程序性知识	操练过程中，学生在各类情境下流畅地回忆并运用程序性知识
学生理解技能、策略与过程	学生能识别考试问题中要用到的技能、策略或过程	学生有针对性地为每个考试问题选择并使用技能、策略或过程

开展支架教学和拓展教学满足学生的需求

有的学生在备考时需要额外的支持，而另一些学生则可以进行自我评价，调试复杂的过程以至完善。你需要开发出多样化的操练材料，同时要为有需要的学生提供额外的支持。以下是一些通过支架教学和拓展教学来满足学生需求的思路。

支架教学

◇提供给学生介绍各种类型的程序性知识步骤的视频，你可以根据需要重复播放，将信息分解为学生易消化的模块。

◇让学生创建自己的视频或音频，把一个过程的步骤录制下来。

拓展教学

◇已经为考试做好充分准备的学生，可以通过参与思维激发型的讨论以及创建与考试类似的问题来改进和调试他们的程序性知识。

◇让学生以更严格的标准处理一篇复杂的文本，并设计多项选择题和开放式问题，且为其他学生提供该问题的答案要点和学习指南。

◇一旦问题创建好了，让学生将问题与学习目标进行比对，确定这些问题是否达到了掌握程度所要求的思维水平。

◇确保进步快的学生能够减缓速度，检查自身学习情况，并且在需要时能读得更加谨慎，以寻找到文本中的证据和支撑点。

结　语

本书旨在帮助教师更加有效地设计和实施操练方法，以帮助学生熟练掌握学习内容。正如你在前文中所了解的那样，教师需要做的第一步是通过操练技能、策略与过程，有方法地帮助学生发展熟练度。

为了检验本书目标是否达成，教师不仅要从学生中收集信息，还要从导师或者同事中寻求反馈，以找到志同道合之人，同时在策略的实施过程中，积极开展有意义的反思。这样一来，即使教师没能从本书中学得零星技巧，至少也可认识到**监控**的重要性。监控是教师的专业水平以及学生的学习成绩增长的临界点。策略使用并不是终点，教师的目标应该是预期结果：有证据显示，学生已经通过操练技能、策略与过程，更深入地理解了学习内容。

为了更有效地实施本书策略，请遵循以下三个步骤：

1. 在策略实施过程中，发挥自身的能力和创造力对本书中的各种教学方法进行适应性改编。

2. 对预期结果进行监控。换句话说，就是在使用某教学方法的同时，对其有效性进行分析。在学生执行技能、策略与过程时，及时检查以确定学生是否建立了流畅度，并收获自信和能力。

3. 如果监控结果显示，因为教师没有提供充分的教学指导而导致学生未能实现预期结果，这时教师便要想办法改变和调整。

毫无疑问，本书可以作为教师提升个人专业技能的行为指南，但是当教师与同事一同研读和实践时，必将获益更多。

反思与讨论问题

在小组会议或向教练、导师或督学会面寻求精神食粮前，教师可以使用以下的反思与讨论问题：

1. 在阅读和实施本书的教学方法之后，你的教学发生了怎样的变化？

2. 在为学生提供支架教学和拓展教学的过程中，你总结出哪些调整和改进教学方法的技巧？

3. 在实施本书教学策略的过程中，你遇到的最大挑战是什么？

4. 实施本书教学策略后，学生的学习发生了哪些变化？

5. 你会如何与同年级或同一部门的同事分享学到的东西？

参考资料

[1]Common Core State Standards Initiative. (2010). *Common Core state standards for English language arts & literacy in history/social studies, science, and technical subjects.* Washington, DC: Author. Retrieved November 24, 2014, from <http://corestandards.org/assets/CCSI_ELA%20Standards.pdf>.

[2]Crawford, D. (n.d.). *The third stage of learning math facts: Developing automaticity.* Eau Claire, WI: Otter Creek Institute. Retrieved February 11, 2015, from <https://www.oci-sems.com/ContentHTML/pdfs/Research%20and%20Results.pdf>.

[3]Dash, J. (2000). *The longitude prize.* New York: Farrar, Straus and Giroux.

[4]Heiligman, D. (1996). *From caterpillar to butterfly.* New York: HarperCollins.

[5]McEwan, E. K. (2009). *Teach them all to read: Catching kids before they fall through the cracks.* Thousand Oaks, CA: Corwin.

[6]McEwan-Adkins, E. K.(2010). *40 reading intervention strategies for K–6 students:*

Research-based support for RTI. Bloomington IN: Solution Tree Press.

[7]McEwan-Adkins, E. K., & Burnett, A. J. (2012). *20 literacy strategies to meet the Common Core*. Bloomington, IN: Solution Tree Press.

[8]Magana, S., & Marzano, R. J.(2013). *Enhancing the art and science of teaching with technology*. Bloomington, IN: Marzano Research Laboratory.

[9]Marzano, R. J. (2007). *The art and science of teaching*, Alexandria, VA: ASCD.

[10]Marzano, R. J. (2009). *Designing and teaching learning goals and objectives*. Bloomington, IN: Marzano Research Laboratory.

[11]Marzano, R. J., T. Boogren, T., Heflebower, T., Kanold-McIntyre, J., & Pickering, D. (2012). *Becoming a reflective teacher*. Bloomington, IN: Marzano Research Laboratory.

[12]Marzano, R. J., & Kendal, J. S.(2006). *The new taxonomy of educational objectives*. Thousand Oaks, CA: Corwin.

[13]Marzano, R. J., & Pickering, D. (2001). *Classroom strategies that work*. Alexandria, VA: ASCD.

[14]Marzano, R. J., & Toth, M. D. (2013). *Deliberate practice for deliberate growth: Teacher evaluation systems for continuous instructional improvement*. West Palm Beach, FL: Learning Sciences International.

[15]Merlin, P. (2000). The coyote. In S. J. Phillips & P. W. Comus (Eds.), *A natural history of the Sonoran Desert* (p. 37). Tucson, AZ: Arizona-Sonoran Desert Museum Press and Berkeley, CA: University of California Press.

[16]National Governors Association Center for Best Practices, Council of Chief State School Officers. (2010). *Common Core State Standards*. Washington, DC: Author.

[17]NGSS Lead States. 2013. *Next Generation Science Standards: For states, by states*. Washington, DC: The National Academies Press.

[18]Rasinski, T. V., Padak, N., Linke, W., & Sturdevant, E. (1994). The effects of fluency development instruction on urban second graders. *Journal of Education Research*, *87*, 158−164.

[19]Renkl, A. (1997). Learning from worked-out examples: A study on individual differences. *Cognitive Science, 21*(1), 1−29.

[20]Stein, M., Silbert, J., & Carnine, D. (1997). *Designing effective mathematics instruction: A direct instruction approach*, 3rd ed. Upper Saddle River, NJ: Prentice Hall.